ZONA

DESCONFORTO

CARO(A) LEITOR(A),

Queremos saber sua opinião sobre nossos livros. Após a leitura, siga-nos no **linkedin.com/company/editora-gente**, no TikTok **@editoragente** e no Instagram **@editoragente**, e visite-nos no site **www.editoragente.com.br**. Cadastre-se e contribua com sugestões, críticas ou elogios.

BRUNNO FALCÃO

PREFÁCIO DE SAMER AGI

ZONA
DESCONFORTO

Transforme desafios em
oportunidades de crescimento

Diretora	
Rosely Boschini	
Gerente Editorial	
Rosângela de Araujo Pinheiro Barbosa	
Editora	
Carolina Forin	
Assistente Editorial	
Camila Gabarrão	
Produção Gráfica	
Leandro Kulaif	
Preparação	
Amanda Oliveira	
Capa	
Vanessa Marine	Copyright © 2025 by Brunno Falcão
Projeto Gráfico e Diagramação	Todos os direitos desta edição
Plinio Ricca	são reservados à Editora Gente.
	R. Dep. Lacerda Franco, 300 – Pinheiros
Revisão	São Paulo, SP – CEP 05418-000
Andresa Vidal	Telefone: (11) 3670-2500
Impressão	Site: www.editoragente.com.br
Santa Marta	E-mail: gente@editoragente.com.br

Dados Internacionais de Catalogação na Publicação (CIP)
Angélica Ilacqua CRB-8/7057

Falcão, Brunno
    Zona Desconforto : transforme desafios em oportunidades de crescimento /
Brunno Falcão. – São Paulo : Editora Gente, 2025.
    192 p.

ISBN 978-65-5544-585-5

1. Desenvolvimento profissional I. Título

25-0471   CDD 658.1

Índices para catálogo sistemático:
1. Desenvolvimento profissional

Todas as citações bíblicas foram padronizadas de acordo
com a Bíblia Nova Versão Internacional (NVI).

NOTA DA PUBLISHER

Todos enfrentamos desafios e momentos de desconforto que nos paralisam – seja a falta de clareza sobre os próximos passos na carreira, o medo de arriscar algo novo ou a sensação de estagnação ao ver outros prosperarem enquanto continuamos lutando para manter o equilíbrio entre trabalho e vida pessoal. Esses desafios, muitas vezes, nos prendem à mediocridade e à insatisfação. Mas o que poucos percebem é que esses mesmos obstáculos podem ser a chave para uma transformação profunda. Em *Zona Desconforto*, Brunno Falcão nos guia por essa jornada essencial: sair da zona de conforto e abraçar o crescimento de maneira consciente e estratégica.

Com mais de vinte anos de experiência ajudando profissionais a expandirem os próprios limites, Brunno combina histórias reais, conceitos práticos e exercícios impactantes para criar um verdadeiro manual de superação. Ele nos mostra que o desconforto é uma etapa inevitável e necessária para atingir novos patamares, seja no âmbito profissional ou no pessoal.

Por que você deveria ler este livro? Porque ele apresenta caminhos claros para lidar com os desafios e ensina como transformá-los em oportunidades para alcançar liberdade, propósito e resultados extraordinários. Aqui, Brunno compartilha a sua expertise como CEO, mentor e empreendedor, oferecendo estratégias valiosas para quem busca crescer e romper barreiras.

Ao final da leitura, você terá ferramentas para transformar a sua realidade: desde estratégias práticas de planejamento até insights sobre networking e mapeamento de oportunidades. Cada página é um convite para olhar para dentro, desafiar-se e agir com coragem e propósito.

Aceite este convite para sair da estagnação e construir uma carreira – e uma vida – que realmente reflita o seu potencial. A Zona Desconforto pode ser difícil, mas é lá que os milagres acontecem.

Boa leitura!

ROSELY BOSCHINI
CEO e Publisher da Editora Gente

À Lorena, à Karol e ao João Paulo; à nossa família.
Eu me movo em verdade, coragem e humildade.
Amo vocês.

AGRADECIMENTOS

Quero agradecer a Deus Pai, ao Filho e ao Espírito Santo por se moverem intensamente em cada detalhe da minha vida. Sou eternamente grato por essa presença que me guia, me fortalece e me leva além dos meus limites, fazendo-me acreditar no impossível.

Agradeço profundamente a toda família Comunidade das Nações (CN), aos bispos JB e Dirce Carvalho, que me ensinaram a ir muito além do que imaginava. Como sempre diz o bispo JB: "Não dá para receber algo novo e continuar o mesmo! Tudo que vem de Deus transforma você!". É a partir dessa verdade que tenho moldado a minha caminhada de fé e todas as minhas conquistas.

Agradeço também ao Paulo Vieira, à Camila Vieira e a toda equipe da Febracis, mentores excepcionais na minha vida desde 2018. Os ensinamentos e a liderança inspirada impactaram a minha jornada e visão, transformando limites em oportunidades.

Aos grandes mentores em gestão, estratégia e inovação Sandro Magaldi e Mauricio Benvenutti, líderes que me inspiraram a buscar o que ainda não foi explorado, bem como inovar em meio ao caos.

Quero também dedicar um agradecimento especial a todos os colegas SEDianos[1] que, assim como eu, carregam uma síndrome invisível e vivem no desconforto. Eu vejo vocês. A hiperflexibilidade, que muitas vezes é vista por terceiros como uma fraqueza, é, na verdade, a nossa maior força. Assim

---

[1] "SEDiano" é um dos termos usados para referenciar a pessoa portadora da síndrome de Ehlers-Danlos (SED), doença rara que causa flexibilidade excessiva e fragilidade nas articulações e demais tecidos conjuntivos.

como na Física, a flexibilidade nos torna mais resistentes e adaptáveis. A palavra "carregam" está em destaque para evidenciar que, apesar de tudo, a síndrome não nos pertence, não nos define, não é quem somos. Que possamos sempre olhar para o lado positivo dessa jornada na qual Deus nos colocou. Acreditemos em milagres.

Aos Legendários, que mostraram que sou capaz de ir além dos meus próprios limites. O desconforto é uma situação constante, e foi com vocês que aprendi a resistir ao desconforto sem hesitar, por entender que a subida, o crescimento, é espiritual. *AHU – LGND 71.100!*

Minha eterna gratidão à Ana Paula Leal pela oportunidade de fazer parte do incrível projeto de Arnold Schwarzenegger. Foi um ponto de virada na minha trajetória, e sou grato por esse convite tão transformador.

A todos os clientes, fornecedores e palestrantes da Science Play®, especialmente aos participantes dos grupos de imersão Goldens e Palestre●se®, que apreciaram momentos claramente desconfortáveis. Agradeço a cada um pela confiança e pelo desenvolvimento que alcançamos em conjunto, vocês me desafiam e inspiram a continuar evoluindo. *Turn down for what?*

Agradeço à minha amiga, irmã e mentora de vida, Patrícia Leal. Que presente Deus me deu ao colocar você na minha vida.

Não poderia deixar de agradecer e conceder todos os créditos a quem me inspira diariamente: este livro tem como base o amor e o apoio que sempre encontrei em você, Lorena. Você é a personificação da resiliência, ensinando-me nos momentos de desconforto e trazendo paz em meio ao caos. Só cheguei até aqui porque Deus, na Sua infinita bondade, colocou você ao meu lado. Obrigado por ser a minha fortaleza, a minha parceira e o meu maior exemplo.

ROTEIRO
DE LEITURA

Para muitos, a leitura de textos longos é uma tarefa desconfortável, então quero parabenizar você por estar aqui, tentando algo diferente e desafiador. Aqui, quero sugerir um modo mais dinâmico e prático de consumir – e implementar – o conteúdo das próximas páginas. O objetivo é que, ao terminar, tudo o que aprendeu se transforme em um hábito duradouro, assim como aconteceu comigo ao longo da minha jornada.

Todos os capítulos da obra foram organizados de maneira que possam ser lidos de modo independente, caso esse seja o seu desejo; isto é, você pode escolher começar pelo ponto de maior interesse da sua Zona Desconforto e avançar com foco e coragem nessa área. Vale comentar, entretanto, que a sequência dos capítulos aqui proposta é também um modo muito interessante de avançar por todas as etapas.

A respeito do termo "Zona Desconforto", quero já apresentar a devida explicação para que estejamos todos na mesma página. Apesar de contraintuitivo, escolhi manter o termo porque quero que você veja este ponto específico como um *espaço para as mudanças* que quer gerar na sua vida. A Zona Desconforto não é uma sensação ou um sentimento, é o *lugar* em que você precisará estar para construir o novo, crescer e ter mais resultados. Simboliza o espaço em que deixamos para trás as certezas que nos mantêm estagnados e começamos a explorar o desconhecido.

Pesquisas recentes chegaram a uma ideia bastante promissora a respeito desse lugar de desconforto. Estudos apontam que o córtex médio cingulado anterior (aMCC) – região que atua como um *hub*, conectando toda a rede neural – cresce toda vez que você se envolve em uma tarefa desafiadora e indesejada.[2] Esse desenvolvimento influencia na força de vontade, ajuda a regular as emoções e, por fim, alcançar objetivos.

Assim, convido você a enxergar o desconforto não como algo a ser evitado, mas um sinal de que está trilhando o caminho certo para evoluir e superar desafios diariamente.

Além disso, dentro de cada capítulo, escolhi trazer conceitos diferentes, reflexões poderosas, livros que devem servir como inspiração, *cases* transformadores e exercícios que precisam, sem hesitação, ser aplicados. Aproveite esses *brainstormings* incríveis para sair da mediocridade e da zona de conforto, preparando-se para seguir em um processo de avanço contínuo.

A partir de agora, o principal desafio será sempre permanecer na Zona Desconforto, e esse precisa ser um hábito contínuo. A mudança que você deseja não está apenas nas ideias deste livro, mas no modo como você as aplica. Cada capítulo será um degrau; cada exercício, um passo mais próximo da vida que você deseja construir.

Este livro é para todos os profissionais que buscam crescer e escalar a própria carreira. Aqui, refiro-me a profissionais nos mais variados contextos. Se você busca crescimento profissional, está no lugar certo. Falaremos muito sobre desconforto, mas saiba de antemão que é ele que gera o progresso.

Então, seja bem-vindo ou bem-vinda a esta jornada! Espero que aproveite tudo o que ler. Vejo você na última página.

Um grande abraço,

Entre na Zona Desconforto para receber "Todo dia, um novo desconforto. E o desconforto precede o progresso."

[2] TOUROUTOGLOU, A. *et al*. The Tenacious Brain: How the Anterior Mid-Cingulate Contributes to Achieving Goals. **Cortex**, n. 123, p. 12-29, 2020. Disponível em: doi:10.1016/j.cortex.2019.09.011. Acesso em: 16 fev. 2025.

SUMÁRIO

Prefácio 18

Introdução: é hora de se colocar em movimento 22

1. A liberdade tem seus contras 30

2. Escolher bem para crescer melhor 42

3. Com a estratégia certa, os desafios
   são degraus para o sucesso 52

4. Até onde esticar: avaliação e
   conscientização da dor 66

5. Estratégias e mapeamento multicanal 80

6. Planejamento baseado em fraquezas e forças 98

7. Execução e revisão 112

8. Networking e conexões estratégicas 126

9. Expansão de consciência 144

10. Reflexão e crescimento contínuo 158

11. É possível ter liberdade 174

12. Caminho livre para o sucesso 184

Em 2013, fui nomeado juiz de Direito em Brasília. Naquele momento, a sensação de estar no auge da minha carreira profissional era inegável. Tudo parecia ter chegado ao ponto culminante que eu tanto almejara. No entanto, percebi rapidamente que Deus tinha planos maiores para a minha vida. Um mês após assumir o cargo, uma conversa aparentemente simples se tornou o ponto de partida para uma mudança radical. O que começou apenas como um diálogo casual com uma colega plantou uma semente que germinaria em um curso preparatório para concursos – uma iniciativa que, anos mais tarde, impactaria milhares de vidas.

Já em 2016, contudo, uma resolução do Conselho Nacional de Justiça (CNJ) trouxe mudanças que ameaçaram diretamente tudo aquilo que havíamos construído com tanto esforço. A proibição de oferecer treinamentos personalizados parecia ser um obstáculo insuperável. Aquele "não" poderia ter sido o fim de tudo, mas, em vez de me render à adversidade, decidi enxergá-la como uma oportunidade.

Reestruturamos o curso, adaptando-o às novas regras, mesmo que o desafio parecesse imenso. Com coragem e determinação, fizemos as mudanças necessárias. E o que parecia um golpe devastador se transformou em um salto para o crescimento exponencial. Aqui, para conectar a este ponto, apresento uma história que me ajudou a entender aquele momento de desconforto que estava vivendo.

Certa vez, um homem muito rico precisou viajar para um país distante. Antes de partir, chamou os seus três servos e lhes confiou os seus bens. A cada um, ele deu talentos, uma espécie de moeda da época. Ao primeiro, entregou cinco talentos; ao segundo, dois talentos; e ao terceiro, apenas um talento. Cada um recebeu conforme a sua capacidade.

O primeiro servo, animado com a oportunidade, foi imediatamente negociar com os talentos que recebera. Ele se dedicou, fez trocas, arriscou-se e conseguiu dobrar o que tinha. O segundo fez o mesmo; também saiu, trabalhou e conquistou o dobro. Mas o terceiro, tomado pelo medo, decidiu enterrar o talento. Pensou: é melhor não arriscar. Assim, pelo menos, não perco nada.

Depois de muito tempo, o senhor voltou e chamou os servos para acertar as contas. O primeiro chegou com dez talentos e disse: "Senhor, você me confiou cinco talentos, e aqui estão outros cinco que ganhei". O senhor respondeu: "Muito bem, servo bom e fiel. Você foi fiel no pouco, e sobre o muito eu o colocarei. Venha e participe da minha alegria".

O segundo servo apresentou quatro talentos e recebeu o mesmo elogio: "Muito bem, servo bom e fiel. Você foi fiel no pouco, e sobre o muito eu o colocarei. Venha e participe da minha alegria".

Então veio o terceiro servo, trazendo apenas o talento que recebera. Disse: "Senhor, eu sabia que o senhor é um homem severo, que colhe onde não plantou e ajunta onde não espalhou. Por isso, fiquei com medo e escondi o seu talento na terra. Aqui está o que é seu".

O senhor respondeu: "Servo mau e preguiçoso! Você sabia que eu colho onde não plantei e ajunto onde não espalhei. Então, por que não colocou o meu dinheiro no banco? Assim, ao menos, eu o receberia de volta com juros". E ordenou: "Tirem dele o talento e deem ao que tem dez talentos. Pois quem tem, mais será dado, e terá em abundância; mas quem não tem, até o que tem lhe será tirado. Quanto a esse servo inútil, lancem-no para fora, nas trevas, onde haverá choro e ranger de dentes".

Ao relembrar a parábola dos talentos em Mateus 25:14-30, percebi que a minha vida e jornada estavam profundamente conectadas a essa história. Deus não nos dá talentos para que os guardemos, e sim para que os multipliquemos, mesmo que isso signifique sair da nossa zona de conforto.

Foi nesse processo que compreendi algo fundamental: os desafios ao longo da nossa jornada não são para nos deter, mas para nos preparar para algo maior. Assim como na parábola dos talentos, percebi que tudo o que temos – habilidades, oportunidades e recursos – nos é dado para multiplicar.

Essa experiência transformou a minha carreira e visão de propósito. Cada obstáculo se tornou uma oportunidade de confiar mais profundamente em Deus e agir com coragem, sabendo que tudo o que Ele nos dá é para ser multiplicado, jamais enterrado.

A minha decisão mais desafiadora, no entanto, veio anos depois, quando precisei escolher entre a estabilidade da magistratura e os projetos que Deus havia colocado no meu coração. Deixar a toga, algo que muitos consideram o auge da carreira jurídica, foi um salto de fé e coragem. Enfrentei olhares incrédulos e dúvidas internas, mas sabia que não podia enterrar os talentos que me foram confiados.

Olhando para a minha jornada, vejo que a verdadeira transformação aconteceu no desconforto. É lá que somos chamados a agir, a fazer escolhas difíceis e a confiar que Deus está nos guiando. Quando pedimos vitória, Ele nos dá um par de tênis, não a medalha. Cabe a nós correr a corrida. Deus não interromperá o propósito dEle na Terra, realizará tudo com ou sem a nossa participação. É nossa responsabilidade usar os talentos que Ele nos deu para impactar o mundo.

Que esse pequeno trecho da minha história inspire você a entrar confiante nessa Zona Desconforto, a usar os seus talentos e a avançar no propósito que Deus tem para a sua vida. Que você nunca vá além nem fique aquém, que siga confiante no caminho que Ele preparou para você.

Que os seus talentos sejam multiplicados.

INTRODUÇÃO:
É HORA DE SE COLOCAR EM MOVIMENTO

Todas as pessoas carregam no peito uma grande decisão que nunca tiveram coragem de tomar. Pare e pense. Tenho certeza de que, aí dentro de você, há uma decisão jamais tomada, algo que precisa ser feito, que você sente e sabe que poderia mudar o rumo da sua vida e do seu trabalho, mas que foi postergado por algum motivo. Algo que está ali, incomodando, como um ruído sempre presente que não deixa você dormir tranquilo.

Qual é a grande decisão que você está deixando de tomar, aquela que mudaria tudo na sua jornada profissional? É nesse ponto que quero tocar. É ele que quero trabalhar. Sabe por quê? Com a minha experiência e tudo o que construí ao longo dos últimos vinte e três anos trabalhando com profissionais liberais de áreas como Medicina, Nutrição, Educação Física e Psicologia, entre outras, tenho certeza de que você pode mais, pode ir além. Mesmo que sinta que está performando o máximo, garanto que está deixando de avaliar certos lugares que ajustariam a rota para o sucesso.

Infelizmente, no mundo em que vivemos, o sucesso do negócio não depende só do talento ou da dedicação investidos em prol do crescimento. Para alcançá-lo, é preciso ir além. Até porque *talento* e *dedicação* existem de sobra no mercado. O que falta é ação, fazer acontecer, pessoas com atitude. Mas não se engane: **ação sem um plano é apenas um ato impulsivo**, uma reação. Aqui vamos falar sobre como criar as *estratégias* para a tomada de atitude, sobre como ter um *caminho* e saber o que precisa ser feito para aplicar corretamente o processo de desenvolvimento ao seu trabalho.

A formação que recebemos nos prepara tecnicamente muito bem para performarmos dentro de nossa área de especialização, porém não somos preparados para lidar com o operacional, a gestão de todas as áreas da empresa.

Enquanto sobra técnica, faltam ferramentas para crescer e expandir. Falta um passo a passo que mostre exatamente como transformar o que você faz hoje em algo *maior*.

Se você é um profissional liberal ou busca mais autonomia diante dos seus próprios resultados, já deve ter percebido que pode mais, contudo ainda não sabe *o que* ou *como* fazer para chegar aonde realmente gostaria. Ainda não sabe o que precisa mudar para ter liberdade financeira, oferecer mais serviços, faturar mais e melhor, atingir o seu público do modo correto e construir uma carreira de sucesso dentro do segmento em que atua.

Após acompanhar vários casos de alunos que orientei ao longo desses anos, percebo que isso gera estagnação, um lugar de insatisfação, de dor, e faz que você acabe estagnado no ponto mediano, aquele que está entre os resultados maximizados e os resultados ruins. Mas entre esses dois pontos, na intersecção entre as duas esferas, está também a grande decisão.

É provável que você não saiba como conseguir novos clientes e sinta insegurança por não saber como expandir os serviços. Acha que não dará conta de um negócio maior. Embora falte estabilidade e confiança, sobra preocupação e ansiedade. E tenho certeza de que este é um debate constante: luta consigo mesmo por não saber o que fazer; por ver outras pessoas crescendo e ganhando mais enquanto você trabalha até muito tarde; por não conseguir finalizar o que precisa; por ver o faturamento continuar o mesmo o volume de trabalho sempre aumentando.

Diante de tudo isso, quero que você acredite quando digo que a mudança só acontece quando saímos de onde estamos e tomamos grandes decisões. Ela só acontece quando sabemos que vai doer, mas decidimos seguir em frente mesmo assim. É um ponto de objeção que você escolhe ultrapassar, deixar no passado. Você pensa: *Vai doer, mas vou mudar mesmo assim*. E você até pode imaginar que, ao fazer isso, está furando uma bolha de proteção, mas na realidade está ampliando o seu alcance. O desconforto precede o progresso, encare isso como algo positivo. O quanto você é capaz de expandir? Quais resultados já teria alcançado se, em alguns momentos, saísse da sua zona de conforto?

Essa reflexão pode ser uma das perguntas que, inconscientemente, levaram você a buscar este livro, a abrir as primeiras páginas e iniciar a leitura. O que trazemos do passado é apenas o aprendizado, pois Deus sempre faz algo novo em nossa vida com aquilo que temos no momento, seja intelectual ou material. O objetivo desta é obra é levar você para fora da zona de conforto e mostrar os caminhos para que possa adentrar a Zona Desconforto, uma oportunidade de iniciar algo completamente novo. Todos somos disciplinados em alguma área de nossa vida, repetindo comportamentos e padrões aprendidos como seguros. Tenho certeza de que você deve estar se perguntando: *Por que eu deveria fazer algo diferente?*

É aqui que eu entro: quero mudar o modo como você enxerga a carreira que construiu até aqui. Se ainda não me conhece, se comprou ou ganhou este livro sem expectativas, deixe-me contar de onde vim e por qual motivo estamos aqui.

ELIMINE BARREIRAS E COLOQUE AÇÃO

Passei por uma infância emocionalmente intensa como membro de uma família de classe média baixa com dificuldades financeiras consideráveis; a minha realidade jamais me deixou pensar que chegaria aonde cheguei. Precisei começar a trabalhar como office boy muito cedo, com 14 anos. Aos 18, fui motorista de uma família de políticos em Brasília por um breve período, até que, por fim, fui contratado como recepcionista em uma academia. Algum tempo depois, passei para o cargo de vendedor e fiquei completamente encantado com o universo das vendas. Eu me desafiava a bater as metas, queria sempre alcançar novos patamares e isso chamou a atenção dos meus superiores, e me tornei gerente com apenas 19 anos. Cedo, não é mesmo?! Apesar de um início difícil, eu estava me desenvolvendo para ser o melhor possível na oportunidade que tive. Foi uma baita experiência para mim.

Como líder, tinha todo o arcabouço técnico da posição, mas precisei desenvolver a *skill* do autoconhecimento para continuar marcando pontos na nova função. Vivi uma curva de aprendizado muito importante como líder até que, em determinado momento, percebi que só conseguiria ganhar mais dinheiro se voltasse ao cargo de vendedor, já que a comissão era muito maior. Então foi isso o que eu fiz. Larguei o cargo de autoridade, supervisão, gerência e liderança porque a necessidade financeira falava mais alto. Quando paro para analisar essa escolha, percebo que já existia um padrão que sigo até hoje: consigo tomar grandes decisões em momentos complicados. E essas escolhas sob pressão são excelentes para alterar a frequência com que vibro em determinado acontecimento. Quando entendi que o desconforto precedia o progresso, ele passou a fazer parte fundamental da jornada.

Em meados de 2005, já com 25 anos, saí da academia e comecei a trabalhar com eventos de Educação Física, área em que já trabalhava como freelancer. Tranquei a faculdade de Administração e fui fazer Educação Física para estar por dentro desse segmento e entregar um trabalho melhor – e nesse processo me apaixonei pela área da saúde.

Anos depois, aconteceu uma grande virada: fui convidado pela Ana Paula Leal, grande nome na área, para colaborar no Arnold Sports Festival South America, maior evento multiesportivo do mundo, criado por Jim Lorimer e

Arnold Schwarzenegger nos anos 1980 e que chegou ao Brasil em 2013. Foi uma grande honra receber esse convite, e participar proporcionou a projeção do meu trabalho no Brasil e no mundo ao me dar a oportunidade de criar um modelo único de congresso. Foi um grande salto na minha carreira porque me ajudou a vivenciar ainda com mais força um de meus verdadeiros dons: tirar projetos do papel, movimentar, gerar ação, dar vida às ideias. Fazer acontecer, para mim, é a zona de convergência, é isso que eu sou, é isso que nasci para fazer.

Fui ampliando o meu alcance da Educação Física para as áreas de Nutrição e Medicina, e hoje esse é o público que mais está ao meu lado. Criei uma rede internacional muito poderosa e, em 2015, desenvolvi uma mentoria para um grupo seleto de profissionais que já caminhavam comigo. Em 2017, construí também uma comunidade engajada que soma quase 20 mil profissionais e estudantes por ano. Porém, impulsionado pelos desafios criados com a pandemia de covid-19, foi apenas em 2020 que consegui ter um crescimento realmente exponencial no digital. E mais: foi só em 2023 que consegui fazer um lançamento que é comumente conhecido como "7 em 7", ou seja, 1 milhão de reais em vendas em sete dias.

A empresa já faturava muito mais que isso desde o início, mas fazer um bom volume financeiro em curto espaço de tempo só veio com a maturidade e a paciência. Não de modo irresponsável, como alguns ensinam por aí. Trouxe esse ponto porque, durante esses dez anos diante de grandes projetos, sempre entendi que **resultados expressivos só acontecem quando somados à força do tempo**. Não comecei agora, não é recente. Trabalhei muito, realizando projetos, alavancando negócios e fazendo movimentos para que tudo fluísse como deveria. Não foi fácil, e nada é por acaso. Então, por mais que alguns pintem esse quadro como simples, não caia nessa, tenha paciência e use o tempo a seu favor.

Atualmente, sou CEO da Science Play®, empresa especializada em educação na área da saúde, e fundador e mentor do Palestre●se®, imersão de mais de sessenta horas para profissionais da área da saúde que querem ter autoridade no próprio segmento ou área de atuação, estar no palco, criar cursos digitais, eventos e mentorias. Fora tudo isso, na linha de frente, também sou empresário e empreendedor especializado em ajudar pessoas a transformarem desafios em degraus que levam ao sucesso, ao máximo resultado, à realização, à autonomia e à liberdade. Se você ainda não está convencido de que isso é possível, com muita tranquilidade digo que é.

Hoje, tenho 20 mil clientes por ano com cursos, palestras, mentorias, workshops e tudo aquilo que pode ajudar essas pessoas a tomarem grandes decisões. Uma grande decisão, para mim, é a linha tênue que define o resultado mediano ou o sucesso. É uma grande decisão que precisa ser tomada antes que se comece a preparação de um plano de estratégias para os próximos passos. Nada acontece, nada se movimenta, sem uma grande decisão.

Isso é o que mostrarei ao longo das próximas páginas. As etapas que construí aqui foram baseadas em fatos e processos testados na minha carreira. É um reflexo do que eu vivi, experienciei, construí, mudei, ajustei na rota, fiz dar certo, testei, avancei e validei. Investi em autoconhecimento, em construção de negócios, em crescimento e, a partir dos meus erros e acertos, fui montando o passo a passo que você encontrará adiante.

Quando foi a última vez que você aprendeu algo realmente novo? E quando esse aprendizado se tornou um hábito? Essa segunda pergunta é mais difícil de responder, até porque muitos aprendizados estacionam. Aprender não significa que continuamos a praticar ou gostar daquilo; **muitas vezes, depois de ter aprendido algo novo, não damos continuidade à prática.** É necessário ir além da zona de conforto, permanecer desconfortável até que isso se torne um hábito e você nem se lembre mais de quando aprendeu.

Temos uma grande relação entre o conceito de desconforto e o de antifragilidade. Nassim Nicholas Taleb, no livro *Antifrágil*, aborda a ideia de que o desconforto e a adversidade nos fortalecem e nos transformam em algo melhor.[3] A mente antifrágil suporta o caos e cresce com ele. Essa conexão acontece quando algo frágil quebra e algo robusto resiste. Significa usar os desafios como alavancas para o crescimento, saindo da mediocridade e da estagnação. É a partir do desconforto que conseguimos alcançar o nosso

---

[3] TALEB, N. N. **Antifrágil**: coisas que se beneficiam com o caos. Rio de Janeiro: Objetiva, 2020.

maior potencial. A Zona Desconforto não é o fim da linha, é o ponto de partida para a transformação.

Por isso digo que acredito em algo maior. No livro *Esmagado*, o pastor norte-americano T. D. Jakes ensina que Deus usa momentos de pressão para nos moldar, assim como a uva precisa ser esmagada para se transformar em vinho. A pressão, o desconforto e até a dor fazem parte de um processo divino para nos transformar em algo mais forte e significativo. Na sua obra, Jakes afirma: "Deus nunca desperdiça uma ferida".[4] Ele usa cada dificuldade como preparo para algo maior, para um propósito mais elevado. Essa perspectiva me ensinou que a dor e os desafios podem ser os catalisadores de uma nova fase, de algo completamente novo.

Não posso prometer que essa jornada será fácil. Tampouco simples. Menos ainda indolor. Tomar decisões é difícil pra caramba. Tomar grandes decisões, aquelas que mudam o curso da vida, é mais difícil ainda, mas somos adultos e precisamos de coragem e direção. Eu sei, você sabe, todos nós sabemos. Mas é necessário que o movimento exista para que as coisas mudem. Lembra-se de quando falei que dói, mas que escolhemos fazer mesmo assim porque sabemos que vai valer a pena? Lembre-se sempre disso. O desconforto precede o progresso.

Este livro é apenas o início de um longo caminho para que você saia da sua zona de conforto e permita que Deus opere algo grandioso e transforme cada área da sua vida em prosperidade. Aproveite os ensinamentos aqui propostos para dar o primeiro passo rumo ao sucesso.

---

[4] JAKES, T. D. **Esmagado**: Deus transforma pressão em poder. São José dos Campos: Inspire, 2020.

1

— A LIBERDADE TEM SEUS CONTRAS

Quem não quer ter mais liberdade? Escolher qual horário acordar, o que e quando fazer, como conduzir o dia, a que horas praticar atividade física, quais demandas aceitar, quantas horas dedicar ao trabalho, quanto cobrar por cada serviço ou até mesmo decidir exatamente o caminho a ser percorrido para alcançar o futuro profissional desejado. O sonho de todo profissional.

A liberdade é, com toda a certeza, um dos maiores desejos da maioria das pessoas, e pode servir como impulsionadora do desenvolvimento, fazendo com que indivíduos deem novos passos, alcancem novos patamares e atinjam objetivos há muito desejados. Porém, sem direcionamento, organização, planejamento e metas, a liberdade pode ser um fardo. Isso porque **liberdade sem limites cria caos**. E o caos, quando mal gerido, instiga a necessidade de uma nova ordem, muitas vezes à custa da liberdade inicial.

Há um preço invisível: toda decisão define o presente e a qualidade do futuro que você está construindo. Como disse Jean-Paul Sartre (1905-1980): "O homem está condenado a ser livre; porque uma vez lançado ao mundo, ele é responsável por tudo o que faz".[5] Em outras palavras, a liberdade não vem sem responsabilidade, ela exige escolhas conscientes. A cada decisão que você toma, um novo futuro aparece.

É dessa liberdade sem limites que este capítulo tratará, de como alguns problemas comuns podem afetar a sua escalada profissional, pois existe uma intersecção muito clara entre a liberdade que impulsiona o desenvolvimento

---

[5] SARTRE, J. P. **O ser e o nada**: ensaio de ontologia fenomenológica. São Paulo: Vozes, 2015.

e a liberdade que gera estagnação. **A liberdade pode ser o vento que impulsiona o seu barco, mas, se você navega sem direção, pode levá-lo diretamente a uma tempestade.** A pergunta-chave para descobrir como o vento da liberdade está alimentando a sua embarcação é: você tem alcançado os resultados de que gostaria? Se a resposta for não, provavelmente você está na liberdade da estagnação.

Para chegar a um estado de liberdade que impulsiona o desenvolvimento, em primeiro lugar é preciso encontrar o caminho da consciência, do autoconhecimento e, de maneira clara, tomar a decisão da mudança, passo que você já fez ao começar esta leitura. A simples vontade de mudar é um movimento que define um caminho a ser percorrido e quais os próximos passos a serem dados. É como receber ou ter orientação suficiente para priorizar o caos, assim como o desconforto que precede o progresso. Toda decisão carrega um preço; no desconforto de escolhê-la, crescemos.

Por esse motivo, percebo que existem três grandes problemas que fazem parte da vida da maior parte dos profissionais autônomos e liberais hoje: dinheiro, equilíbrio e mercado. Guarde bem essa tríade, explicarei em mais detalhes adiante. Entretanto, para estabelecer as bases de uma conversa mais profunda, vamos a alguns dados importantes.

EM NÚMEROS

Não é novidade que o profissional liberal e autônomo é uma força de trabalho poderosa que cresce a cada ano. Essa movimentação de crescimento, inclusive, foi vista em todo o mundo, principalmente depois da pandemia de covid-19, que fez com que as pessoas buscassem, em um primeiro momento, novas formas de rendimento por conta do fechamento praticamente completo do mercado e depois por causa das altas taxas de desemprego subsequentes.[6]

---

[6] INSTITUTO Brasileiro de Geografia e Estatística (IBGE). Pesquisa Nacional por Amostra de Domicílios Contínua: teletrabalho e trabalho por meio de plataformas digitais 2022. Rio de Janeiro: IBGE, Coordenação de Pesquisas por Amostra de Domicílios, 2023. Disponível em: https://biblioteca.ibge.gov.br/index.php/biblioteca-catalogo?view=detalhes&id=2102035. Acesso em: 14 jan. 2025.

Conforme o mercado foi ganhando fôlego e voltando ao eixo, esse movimento de crescimento dos profissionais liberais e autônomos continuou em expansão. As pessoas sentiram o desconforto, expandiram o pensamento, fizeram novas tentativas no mercado e, por fim, viram as vantagens que existem nessa modalidade.

Assim, é estimado que atualmente exista 1,2 bilhão de profissionais autônomos no mundo. Quando consideramos a força de trabalho total do planeta, estamos falando de aproximadamente 1/3 do total global. No mercado norte-americano, 32% dos trabalhadores independentes contabilizam o serviço por hora trabalhada e 71% deles ingressaram nessa modalidade pela flexibilidade de horário oferecida. Isso sem contar que 57% disseram ter ultrapassado o salário dos antigos empregos com carteira assinada em menos de seis meses, sendo que o valor médio da hora trabalhada por lá é de 25 dólares. Em 2020, esses trabalhadores geraram um total de 1,2 trilhão de dólares de faturamento no mercado.[7]

É um número bem alto, não é mesmo? Na contramão desses registros positivos, entretanto, 54% disseram que a maior preocupação que têm é a instabilidade, com a falta de segurança financeira em segundo lugar. Apesar desses dois fatores serem bastante importantes, os dados da mesma pesquisa mostraram que esses trabalhadores autônomos são mais felizes e saudáveis do que os profissionais que trabalham com carteira assinada. Lembre-se do que falei no início deste capítulo: a liberdade sem limites cria o caos; e o caos, quando mal gerido, acaba gerando a necessidade de uma nova ordem, muitas vezes à custa da liberdade inicial. Muitas vezes você pode voltar à estaca zero na liberdade conquistada, virando um refém das próprias decisões.

Segundo os dados coletados na Pesquisa Nacional por Amostra de Domicílios Contínua (PNAD Contínua), o Brasil conta com aproximadamente

---

[7] LEE, P. Freelance Statistics Show Freelancers are Happier & Wealthier. **Millo**, 19 jan. 2023. Disponível em: https://millo.co/freelance-statistics-and-trends. Acesso em: 10 nov. 2024.

29,9 milhões de trabalhadores autônomos.[8] Apesar de também ser um mercado promissor, a instabilidade da economia, a inflação alta e a falta de direcionamento adequado acabam impedindo que muitos desses profissionais consigam encontrar o melhor caminho para entrar na zona desconfortável que leva ao progresso.

Não é a minha intenção incentivar uma ou outra modalidade de trabalho, falo aqui de modo abrangente para que este conteúdo acesse mais profissionais, incluindo autônomos, informais, formais e todos os outros. É uma maneira de me conectar a você.

DINHEIRO

Quando menciono dinheiro, é completamente comum ouvir dos profissionais que o grande problema mora na cobrança errada que fazem do próprio serviço. Muito provavelmente todo profissional já se perguntou: *Será que estou cobrando caro ou barato demais?* A verdade, entretanto, é que a pergunta deveria ser a seguinte: *Será que sei exatamente o que eu quero para a minha carreira e como o meu trabalho transforma a vida dos clientes?* **Sem clareza do que se quer, preço é só um chute.** Você até pode se mover por isso, mas, se não souber o que quer, não sabe aonde precisa chegar.

Os profissionais, em geral, falam de instabilidade financeira, sobre não saber o quanto vão ganhar a cada mês e a flutuação do faturamento; por fim, acham que a solução está em cobrar mais pelo serviço que oferecem. Esse pode, sim, ser um grande problema, mas a realidade é que, na maior parte dos casos, a urgência está na falta de conhecimento do que se quer alcançar. Com esse conhecimento, o jogo muda, fica mais fácil organizar o caminho. Sem ele, entramos no looping da liberdade do caos que gera estagnação.

Por outro lado, é preciso explicar que essa insegurança financeira, combinada à dificuldade de precificação do serviço, nasceu há algumas décadas,

---

[8] GIUSTI, M. B. Brasil tem quase 30 milhões de trabalhadores autônomos, mostra o IBGE. **Correio Braziliense**, 21 jun. 2024. Disponível em: https://www.correiobraziliense.com.br/economia/2024/06/6882859-brasil-tem-quase-30-milhoes-de-trabalhadores-autonomos-mostra-o-ibge.html. Acesso em: 11 nov. 2024.

durante a Revolução Industrial, que aconteceu no fim do século XVIII e marcou o modelo de trabalho pela expansão da produção de mercadorias de modo barato e acessível a partir da mão de obra barata.

Apesar de não ter vivido naquela época, imagino que, para calcular a mão de obra, o dono da fábrica fazia o seguinte raciocínio: "Se Fulano trabalha X horas e produz Y, o valor da hora é Z". Era uma conta básica que dividia a quantidade total de mercadorias produzida pelo tempo trabalhado para se chegar a um número que exprimia, entre outras coisas, o nível de produtividade. Se João produz 12 mercadorias em oito horas e José produz 20 mercadorias no mesmo período, a hora trabalhada por João vale 1,5 e a por José, 2,5; portanto, José é mais produtivo e pode dar uma base salarial do quanto o trabalhador deveria produzir dentro da quantidade de horas em um dia.

A armadilha, contudo, é que, se pararmos para analisar a maior parte dos profissionais liberais e autônomos do mercado atual, em pleno século XXI, estamos falando sobre serviços que demandam grande número de horas para que sejam realizados. Mesmo com essa noção – e mudança do modo de trabalho –, as pessoas continuam recebendo por hora, mas não querem ser cobradas a partir dessa medida.

Vamos a dois exemplos: advogados geralmente são profissionais eficientes, entretanto, problemas jurídicos complexos podem levar anos para que sejam solucionados. Estamos falando de reuniões, conversas, pesquisas, audiências, julgamentos e muito mais. Ou seja, algo que acontece a partir da performance do advogado, mas não necessariamente apenas em relação à quantidade de horas trabalhadas. Temos também os freelancers, que cobram por hora e acabam sentindo muitas vezes a necessidade de pegar mais trabalhos para atingir o valor desejado do faturamento mensal, podendo gerar sobrecarga. Será que nesses casos faz sentido o trabalho ser cobrado por hora?

Essa proposta de calcular o valor do trabalho por hora, portanto, pode ser uma armadilha poderosa para a zona de estagnação. Pode estar gerando essa sensação de insegurança financeira, bem como as flutuações de faturamento e um senso mal direcionado de que o problema é o dinheiro, sendo que, na verdade, existem camadas muito mais profundas para o que está acontecendo.

ESTABILIDADE

Se você sente que nunca tem tempo suficiente, mesmo sendo dono do próprio negócio, ou então percebe que a sua vida pessoal está muito misturada com a vida profissional, com carteira assinada ou não, entramos no problema do equilíbrio. Algumas pessoas sabem separar vida pessoal e profissional. Para outras, essa tarefa é algo complexo e impossível.

Eu, por exemplo, pela minha proatividade, facilidade de resolução de problemas e por ser alguém muito ativo, acabo arrastando o trabalho para absolutamente todos os momentos da minha vida. No meu caso, isso não é um problema agora, porque é nessa mistura que costumo ter ideias diferentes, pensar em soluções que fazem sentido e implementá-las da melhor maneira possível dentro dos negócios que estou desenvolvendo. Contudo, existiu uma época em que tive seis empresas e isso estava tomando conta de mim. Hoje, tenho apenas duas, e é o que faz sentido para mim.

Na época das seis empresas, eu queria acreditar que isso era a minha performance como empresário, ter empresas, investir. Aprendi com o tempo que, nos lugares em que colocamos o foco, a nossa visão se expande. Consegui enxergar e dedicar tempo para que os dois negócios gerassem os mesmos resultados de quase todos os outros juntos. Fiz isso e tive foco nos negócios e na vida pessoal. O que tinha era uma crença de que precisava de mais empresas porque, se algo desse errado, teria outra. Pode ser uma boa forma de se pensar, mas percebi que era escassez. **Caminhava com medo de perder, não com vontade de ganhar.**

O desequilíbrio entre a vida pessoal e a vida profissional pode, portanto, transformar-se em grande questão para a maior parte das pessoas. Essa é uma das grandes dores que vejo em profissionais autônomos e liberais. Explico: as pessoas acabam corrompendo-se pelo trabalho e, para fazer mais, deixam completamente de lado a vida pessoal. Não passam tempo com a família, não cuidam da saúde, não praticam atividade física regular, não têm hobbies, não viajam, não se divertem e não vivem a vida de modo que valha a pena.

Se um médico, por exemplo, não separa muito bem vida profissional e pessoal e leva trabalho para casa todos os dias, trabalha até mais tarde e não respeita o horário delimitado para as consultas, acaba entrando em um ciclo de cansaço, frustração e baixa produtividade. Isso sem contar que provavelmente o valor da consulta está completamente defasado por essa incongruência de horários.

No fim das contas, a falta de equilíbrio faz com que tudo seja feito com o modo "mais ou menos" ativado. E a liberdade em excesso se transforma, por fim, em falta de resultados. Aqui mora a urgência da importância do equilíbrio.

MERCADO

Quando falamos de mercado, é absolutamente comum ouvir profissionais que não conseguem avançar na carreira porque o setor está saturado. Em um primeiro momento, vou dizer que realmente está, mas quero explicar melhor essa ideia.

Com a digitalização do mundo, as tecnologias e a internet, acabamos vendo um movimento de democratização do conhecimento que acabou fazendo com que as pessoas pudessem buscar – e seguissem – a opinião de especialistas ou não. Então, temos milhares de pessoas dando orientações sobre nutrição e alimentação, por exemplo, sem terem um diploma na área. É tanta gente falando sobre o mesmo assunto que, por vezes, sentimos que existem mais nutricionistas do que pessoas em busca de orientação.

Porém, vamos ao fato incontestável sobre esse exemplo: a obesidade, entre os anos 1990 e 2022, dobrou de tamanho entre adultos e quadruplicou entre crianças e adolescentes. De acordo com uma pesquisa publicada pelo *The Lancet*, realizada em parceria com a Organização Mundial da Saúde (OMS), estamos falando sobre mais de 1 bilhão de pessoas vivendo com obesidade atualmente.[9]

Sob essa perspectiva, pergunto a você: será que o mercado está saturado? Ou será que esse é um assunto necessário? Ao meu ver, é um debate

---

[9] MARACCINI, G. Obesidade atinge mais de 1 bilhão de pessoas no mundo, mostra análise global. **CNN Brasil**, 29 fev. 2024. Disponível em: https://www.cnnbrasil.com.br/saude/obesidade-atinge-mais-de-1-bilhao-de-pessoas-no-mundo-mostra-analise-global/. Acesso em: 14 nov. 2024.

completamente necessário. O problema reside na falta de especificidade de encontrar o próprio nicho e mercado, a dificuldade de visualizar a entrega única e tantos outros fatores sobre os quais falaremos nos próximos capítulos. Se parar para analisar o mercado em que você está, muito provavelmente encontrará indícios de que o mesmo pode ser feito e é possível buscar a sua fatia, contanto que saiba exatamente o melhor que entrega.

Se conectarmos com a liberdade que gera estagnação, ela pode ser um fator importante pela falta de autoconhecimento e direcionamento. Se você não sabe para onde está caminhando, caminha para qualquer lugar e chega a qualquer destino. Quem não sabe onde está, não sabe o que oferecer e, consequentemente, não oferece o valor que verdadeiramente tem.

Será que esse pode ser o seu problema principal?

ENTRE NA ZONA DESCONFORTO

Quero que avalie todos os pontos discutidos ao longo do capítulo, principalmente no que tange às nuances da liberdade que conversamos. Separe alguns minutos e responda às perguntas a seguir. Se sentir necessidade, anote as respostas em um caderno, tablet, bloco de notas ou outro espaço que preferir.

AUTOAVALIAÇÃO

- No contexto profissional, o que significa liberdade para você?
- Como as escolhas que fez em busca de liberdade profissional impactaram a sua vida pessoal?
- Está usando a sua liberdade para avançar? Ou está mantendo-se em uma zona de conforto?
- Quais são os riscos de se manter confortável na liberdade atual?
- Se pudesse eliminar uma barreira que impede a plena liberdade, qual seria? E por quê?

ESCALA DE LIBERDADE

Leia as afirmações e marque com verdadeiro (V) ou falso (F) no espaço indicado.

( ) Sinto que tenho total liberdade nas minhas decisões profissionais.

( ) Mesmo tendo liberdade, ainda me sinto preso em algumas escolhas ou responsabilidades.

( ) A minha liberdade profissional tem gerado crescimento pessoal e profissional.

PRÁTICA

Após refletir sobre essas perguntas e respostas, escreva em um lugar de fácil consulta três modos de usar a sua liberdade de modo mais estratégica para alcançar o sucesso que deseja.

SHOWCASE: IBM – OS DOIS LADOS DA LIBERDADE

Aproximadamente vinte anos antes da pandemia de covid-19, a IBM embarcou em uma revolução corporativa. A empresa decidiu adotar o trabalho remoto em larga escala, oferecendo liberdade sem precedentes aos colaboradores. A decisão, impulsionada pelos avanços tecnológicos e pela busca por uma força de trabalho mais flexível, parecia promissora. Funcionários poderiam trabalhar de qualquer lugar do mundo, promovendo um equilíbrio entre vida pessoal e profissional, e reduzindo custos operacionais para a empresa. Foi assim que a IBM se tornou um símbolo de modernidade corporativa, atraindo talentos de diversas áreas.[10]

No entanto, ao longo dos anos, os contratempos começaram a surgir. A falta de interação presencial entre equipes gerou um *declínio no senso de pertencimento* e uma *queda na criatividade*. Projetos inovadores, que antes eram uma marca registrada da IBM, começaram a enfrentar obstáculos, com prazos mais longos e menos impacto no mercado. A cultura corporativa, que dependia da colaboração ativa, sofreu com o isolamento dos colaboradores.

---

[10] GOMAN, C. K. Why IBM Brought Remote Workers Back To The Office – And Why Your Company Might Be Next. **Forbes**, 12 out. 2017. Disponível em: https://www.forbes.com/sites/carolkinseygoman/2017/10/12/why-ibm-brought-remote-workers-back-to-the-office-and-why-your-company-might-be-next/. Acesso em: 10 jan. 2025.

Era visível que a liberdade desenfreada, sem estruturas claras de conexão e interação, estava comprometendo a performance geral da empresa.

Em 2017, em uma decisão que surpreendeu o mercado, a IBM anunciou o retorno de muitos colaboradores a escritórios físicos. A medida, considerada um passo atrás por alguns, foi, na verdade, um movimento estratégico. A empresa reconheceu que inovação e performance dependem de interações humanas regulares, algo que o ambiente remoto não estava oferecendo. A CEO da época, Ginni Rometty, reforçou a importância de criar um espaço em que as equipes pudessem colaborar mais ativamente, *fortalecendo o vínculo entre pessoas e projetos.*

Essa história é um exemplo claro de que a verdadeira inovação surge do equilíbrio entre flexibilidade e conexão. Assim como no ambiente corporativo, **a liberdade profissional exige disciplina, planejamento e rede de suporte.** Sem essas bases, o que parece uma vantagem pode rapidamente se tornar um obstáculo ao progresso.

Qualquer semelhança com a forma como a pandemia de covid-19 nos trouxe para um ambiente de liberdade e distanciamento corporativo não é coincidência. Já sabemos o fim dessa história: muitas empresas, incluindo grandes nomes, como Amazon e Google, começam a reverter partes das políticas de home office,[11] percebendo que um formato híbrido, equilibrando o trabalho presencial e remoto, é essencial para manter a produtividade, a inovação e o senso de pertencimento.

[11] SMITH, M. 90% of Companies Say They'll Return to the Office by the End of 2024 – But the 5-day Commute is "Dead", Experts Say. **CNBC**, 11 set. 2023. Disponível em: https://www.cnbc.com/2023/09/11/90percent-of-companies-say-theyll-return-to-the-office-by-the-end-of-2024.html. Acesso em: 10 jan. 2025.

TODA DECISÃO CARREGA UM PREÇO; NO DESCONFORTO DE ESCOLHÊ-LA, CRESCEMOS.

ZONA DESCONFORTO

@BRUNNOFALCAO

2

ESCOLHER BEM PARA CRESCER MELHOR

Muitas vezes, precisamos escolher as guerras que vamos lutar. Precisamos escolher no que colocaremos foco, quais pontos receberão o nosso maior esforço e em quais momentos conseguiremos tomar as melhores decisões.

Ao escrever estas palavras, inclusive, precisei escolher entre todas as tarefas que precisava realizar, lutar a batalha de escrever um novo capítulo mesmo após um diagnóstico de dengue. Mesmo com tudo o que precisava fazer, escolhi dar foco ao livro porque sabia que exigiria esforço, mas também possibilitaria ação em um dia em que não estava na melhor condição física, porém sentia a mente perfeita para a escrita.

Quero contar uma história maior, algo que aconteceu comigo há alguns meses, e que traduz perfeitamente como precisamos escolher as nossas guerras. Essa consciência é fundamental para sairmos de um lugar de dor que muitas vezes nos prende e domina.

Em 2024, recebi uma ligação que me tirou completamente do eixo. Estava na época do lançamento de um evento de que faço parte e tinha, por histórico, uma meta de vender um número elevado de produtos. A ligação veio da minha família, contando que a minha mãe havia sofrido um infarto. Foi por pouco que não perdi a minha mãe, e quando digo por pouco, estou dizendo que exatos 3% separaram esse dia de uma tragédia muito maior.

Além do choque causado por uma notícia dessas, fiquei muito preocupado com o evento. Afinal, estava no meio de uma campanha promocional, e a minha equipe precisava de mim. Mas não daria para continuar ali, a minha mãe – e os meus irmãos – precisavam de mim, e decidi me ausentar. Não comentei nada com ninguém até o momento que senti que poderia me ausentar. Chamei o time e contei o que havia acontecido. Disse também: "Estamos em um momento crucial do lançamento, e qual é o resultado que vamos ter? Infelizmente, eu não sei, mas precisarei deixar vocês aqui e confio que tomarão as melhores decisões com foco no resultado que queremos. Agora, preciso estar com a minha família".

Fui para casa, revezei alguns dias de UTI com meus irmãos e acompanhei a cirurgia. Graças a Deus, deu tudo certo.

Ao voltar ao trabalho, precisei retomar o bastão para dar os próximos passos, mas o ponto principal é: tive que escolher a guerra que ia lutar. Precisei escolher onde colocaria foco naquele momento. E, se parar para analisar, fazemos isso com absolutamente tudo em nossa vida, incluindo nosso trabalho.

Muitas vezes tentamos abraçar o mundo quando o assunto é avanço da vida profissional, e simplesmente não colocamos foco no que é necessário para avançarmos. Recentemente, lancei um próximo nível dos meus projetos de mentoria, algo mais reservado, personalizado, por isso convidei um por um. Recebi uma mensagem de uma mentoranda de muitos anos falando que havia chorado muito com a proposta porque não poderia estar presente nos encontros agendados, então havia tomado a decisão de não entrar no grupo.

Respondi para ela que tudo bem, que, muito mais do que analisar a situação como mentor, estava analisando também como alguém que precisa, muitas vezes, dizer "não" para oportunidades. Isso faz parte da jornada de qualquer profissional que quer avançar. Eu mesmo precisei tomar essa decisão – de fazer algo ou não – em inúmeras situações.

Isso acontece com frequência, mas a última ocorrência de que me lembro foi há alguns meses, quando precisei perder um evento importante em Brasília para estar em um encontro com Paulo Vieira, em São Paulo, momento que me deu a oportunidade única de conhecer o SBT, apresentado diretamente pela vice-presidente, Daniela Abravanel, filha do fundador, Silvio Santos (1930-2024).

Ambos os compromissos eram grandiosos, mas era necessário fazer uma escolha. Como não estive em Brasília, não posso mensurar o que foi perdido, mas consigo ser grato por tudo o que vivi ao conhecer o SBT e ouvir as palavras da Daniela e da equipe. Foi simplesmente incrível e enriquecedor.

A sensação é que eu não trocaria essa experiência por nada. Ao saber disso, não me incomoda mais entender que "perdi" algo. Entenda: **escolher é abrir mão, mas, quando seguimos o que realmente importa, a perda se transforma em gratidão e o caminho, em conquista.**

Veja como isso é poderoso: falei "não" para um evento que era uma chance única, mas a decisão que tomei foi completamente acertada, porque me abriu inúmeras outras portas em outros contextos. Muitas vezes, durante o processo de escolha das batalhas que iremos lutar, não sabemos qual será o resultado, o que será possível construir a partir do que nos acontece, porém precisamos manter a clareza de aonde gostaríamos de chegar para que as decisões sejam tomadas com a consciência de que não é possível ganhar todas as guerras, e que o caminho escolhido é o correto para o que queremos.

Algumas vezes, vamos perder, e precisaremos aceitar a derrota, mas com a clareza de que existe outra esfera que está sendo cuidada para que o resultado esperado seja atingido. "O Senhor concede o sono àqueles a quem ama." (Salmos 127:2) Imagine se você dedicar o seu tempo na sua maior zona de avanço e capacidade produtiva? Em muitas medidas, isso é viver buscando a zona desconfortável que precede o progresso.

Se trocamos o nosso tempo por dinheiro, é fato que precisamos sempre buscar a melhor maneira de usá-lo, pensando nos nossos objetivos. Mas não aprendemos a fazer isso, e de algum modo precisamos ter essa consciência para que as decisões estejam mais alinhadas com nossos objetivos.

Conheço muitos profissionais que passam a vida toda estudando, mas quando precisam dar foco ao marketing digital, por exemplo, travam porque não conseguem ver o valor agregado que isso pode gerar no futuro. Veem inúmeros afazeres na agenda, que até podem ser pequenos quando comparados às decisões mais importantes, entretanto, acham desperdício investir tempo em tarefas que não trazem lucro imediato. Nem todo crescimento envolve lucro imediato. Na maior parte das vezes, não é uma relação tão linear (fez e ganhou), é um processo contínuo.

Sobre esse ponto específico, costumo comentar que o período de desconforto que precisamos "suportar" é sazonal. Tem começo, meio e fim. Os movimentos de mudança são pontuais, não eternos. Vale lembrar que o profissional liberal, na maior parte dos casos, trabalha com a imprevisibilidade.

Portanto, por que não abraçar essa mesma imprevisibilidade na hora de tomar as decisões da zona desconfortável para gerar o progresso? Será temporário. E valerá a pena.

Dei uma palestra, em novembro de 2024, na qual fiz uma conta básica para os profissionais que me ouviam: somei o valor do ingresso da participação do evento e o faturamento "perdido" durante o encontro para provar que o valor total gasto pode compensar as oportunidades geradas. Os profissionais que estavam lá trabalham por conta e se esquecem de avaliar que oportunidades podem surgir nesses espaços que trarão muito mais crescimento para a carreira do que se continuassem apenas fazendo as tarefas do dia a dia.

Faz sentido ter medo de não faturar por alguns dias para ir a um evento? É claro que faz. Não teria como saber a realidade de cada um e em quais momentos a situação financeira fica difícil, mas garanto que ter a consciência da possibilidade incalculável de ganho que algumas oportunidades nos trazem é um primeiro passo para sair da zona de estagnação.

Assim, costumo dividir essa questão das batalhas travadas e das escolhas que precisaremos fazer em três pontos principais:

- ◤ As formações tradicionais – escolas, faculdades, cursos etc. – não nos ensinam a organizar os próximos passos com foco no planejamento do que queremos;
- ◤ No geral, outros contextos sociais e culturais também não ensinam o que precisaremos fazer para alcançar nossos objetivos;
- ◤ Nos falta discernimento do que devemos focar, em quais pontos precisamos colocar esforço e energia.

Talvez, depois de fazer as análises que veremos nos capítulos posteriores, você chegue à decisão de que precisa dar foco ao digital. É possível que precise de novas estratégias e diversificação de serviços e portfólio, ou então perceba que é indispensável melhorar os seus pontos fortes e ter clareza dos pontos fracos. Por fim, é possível até mesmo que decida investir menos tempo em tarefas menores e mais tempo em execução.

Sendo assim, quero estimular nessa fase o poder da decisão e o discernimento do que faz sentido para você, além da consciência de que está tudo bem não ter todas as respostas em um primeiro momento. **A grande virada de chave acontece na capacidade de adaptação**, de entender as sazonalidades do desconforto, na importância da tomada de decisão com consciência e no modo como precisamos nos moldar aos diferentes cenários para crescer. Temos que mirar no que o mundo traz de oportunidade. Não podemos nos desesperar, sentir medo e ficar parados. Precisamos encarar os desafios para que muitas novas portas se abram. Algumas inimagináveis até o momento em que acontecem.

Hoje, por exemplo, é possível que um nutricionista seja dono de um hospital, algo que antigamente era improvável de acontecer. E assim também é para outras profissões: um processo trabalhista não é a única possibilidade de um advogado. Trabalhar em uma clínica não é a única proposta de um médico. Pegar projetos como freelancer não é a única oportunidade de um designer.

Essas são apenas algumas ideias. Em muitas ocasiões, o que acontece é um conflito interno que sai da *ambição* e vai para a *realidade*. Ou seja, existe a ambição e a vontade de crescer, porém, a realidade nos prende ao chão como um grilhão. O que se sucede, na maior parte das vezes, é o dilema: investir no crescimento ou lutar pela estabilidade? O sucesso não é uma linha reta, é uma dança entre o que desejamos e o que estamos prontos para enfrentar.

Estudos indicam que a instabilidade financeira afeta negativamente o bem-estar emocional dos profissionais liberais. A falta de previsibilidade na renda pode levar a níveis elevados de estresse e ansiedade, impactando tanto a saúde mental quanto a qualidade de vida.[12] Assim como um barco precisa

---

[12] BARBOSA, A. Impacto financeiro na saúde mental: a relação entre a falta de dinheiro e o bem-estar emocional dos brasileiros. **Gazeta da Semana**, 23 out. 2024. Disponível em: https://gazetadasemana.com.br/noticia/197367/impacto-financeiro-na-saude-mental-a-relacao-entre-a-falta-de-dinheiro-e-o-bem-estar-emocional-dos-brasileiros. Acesso em: 10 jan. 2025.

de um leme para enfrentar as ondas, nós precisamos de limites claros para navegar pelos desafios da vida profissional.

Acredito verdadeiramente que você chegou até aqui porque sente um desejo incontrolável de crescer e romper as barreiras que o seguram. Cada passo dado em direção à Zona Desconforto e cada escolha que gera desafio será um degrau rumo ao seu propósito e aos resultados que deseja. Não permita que o medo, a dúvida ou a falsa sensação de segurança roubem de você o que Deus ou a vida já prepararam.

Quero fechar, portanto, com um versículo da Bíblia que está em João 10:10. Jesus diz: "Eu vim para que tenham vida, e a tenham plenamente". Muitas vezes, **os passos de desconforto que precisamos dar não são relacionados a bens, dinheiro ou status e, sim, à grandiosidade dos sonhos que queremos alcançar com as nossas decisões.**

Avance, corra riscos, rompa os seus limites. O tempo de hesitar acabou. Agora é hora de caminhar sem olhar para trás em direção ao futuro que o espera. Você é capaz de alcançá-lo. A estabilidade pode oferecer segurança, mas é no desconforto que os maiores crescimentos acontecem.

ENTRE NA ZONA DESCONFORTO

Separe alguns minutos e responda às perguntas a seguir. Se sentir necessidade, anote as respostas em um caderno, tablet, bloco de notas ou outro espaço que preferir.

AUTOAVALIAÇÃO

- Quais são as três maiores preocupações que estão consumindo o seu tempo e a sua energia atualmente?
- Você acredita que essas preocupações estão alinhadas com os seus objetivos profissionais e pessoais? Por quê?
- O que você está tentando abraçar ou fazer que poderia ser deixado de lado sem comprometer o essencial?
- Qual é o maior obstáculo que você acredita estar impedindo o seu avanço?
- O que você está decidindo *não* fazer para priorizar o que realmente importa?

AUTOAVALIAÇÃO II

No quadro a seguir, dê uma nota de 0 a 5 (em que 0 significa muito ruim e 5 excelente) para definir cada ponto.

Tenho clareza das minhas prioridades.	
Sou capaz de dizer não.	
Gasto a maior parte do meu tempo em tarefas de alto impacto, mesmo que elas não me tragam ganhos imediatos.	
Sei avaliar em quais momentos preciso dizer sim e quais momentos preciso dizer não.	
Estabeleço limites claros e escolho as batalhas que enfrentarei com foco no resultado que desejo.	

PRÁTICA

Depois de finalizar, identifique a frase com a nota mais baixa no exercício anterior e escreva qual é o menor passo possível que pode dar para mudar isso ainda esta semana. Comprometa-se a executar nos próximos dias e revise o progresso ao fim da semana.

SHOWCASE: STARBUCKS – UMA DECISÃO DE EXCELÊNCIA PARA REAFIRMAR VALORES

Durante um período de desafios intensos, a Starbucks, sob a liderança de Howard Schultz, tomou uma decisão ousada e inesperada: fechar temporariamente mais de sete mil lojas nos Estados Unidos para requalificar os baristas e melhorar a qualidade do café servido. A empresa estava enfrentando críticas sobre a perda da própria essência, a diminuição da experiência única do cliente e até mesmo o impacto de uma crise econômica que prejudicava o setor de consumo. Muitos enxergaram essa decisão como arriscada e onerosa, mas ela se revelou um marco na reafirmação dos valores da marca.

Lendo o livro *Dedique-se de coração*, de Howard Schultz, obra em que ele detalha essa jornada, ficou evidente a profundidade da sua liderança. Schultz acreditava na excelência do produto e na experiência emocional proporcionada pela Starbucks – algo que ele estava disposto a preservar, mesmo ao custo de perder milhões em receitas a curto prazo.[13]

Esta é uma história que se conecta diretamente com o que acabamos de abordar neste capítulo: assim como Schultz enfrentou dúvidas e pressões externas para justificar a escolha que fez, os profissionais liberais frequentemente se deparam com a necessidade de tomar decisões difíceis que equilibram ganhos imediatos com o alinhamento a valores e objetivos de longo prazo. Esse é um dilema que vai além das finanças, tocando a essência de quem somos e de como escolhemos operar no mundo.

A Starbucks ensina que, **em momentos de dúvida, o alinhamento com a essência – seja de uma marca ou de um indivíduo – é o que diferencia decisões comuns de escolhas transformadoras.**

Esse é tanto um relato empresarial quanto uma lição aplicável à vida profissional e pessoal: o que estamos dispostos a sacrificar hoje para garantir que nossas ações reflitam nossos valores e sustentem nosso sucesso no futuro? É claro que nem todo profissional tem condições financeiras ou esse espaço de negociação para assumir perdas dessa magnitude. Por outro lado, ficar na zona de conforto não deveria ser uma opção.

---

[13] SCHULTZ, H. **Dedique-se de coração**: a história de como a Starbucks se tornou uma grande empresa de xícara em xícara. São Paulo: Buzz, 2019.

O SUCESSO NÃO É UMA LINHA RETA, MAS UMA DANÇA ENTRE O QUE DESEJAMOS E O QUE ESTAMOS PRONTOS PARA ENFRENTAR.

ZONA DESCONFORTO
@BRUNNOFALCAO

3

COM A ESTRATÉGIA CERTA, OS DESAFIOS SÃO DEGRAUS PARA O SUCESSO

Cada desafio que você enfrenta é um convite para crescer. O que você faz em cada situação define quem você se tornará. Pequenos ajustes trazem grandes resultados, acredite verdadeiramente nisso. Pequenas mudanças têm o poder de proporcionar o movimento necessário para que o progresso seja o destino da jornada de avanço. Guarde bem essas afirmações iniciais, pois elas guiarão as próximas páginas.

Para explicar melhor esse conceito e provar que é verdadeiro, costumo utilizar uma analogia bem simples: imagine um barco a vela parado no Porto de Santos cujo objetivo é atravessar o Oceano Atlântico rumo ao leste para chegar à África.

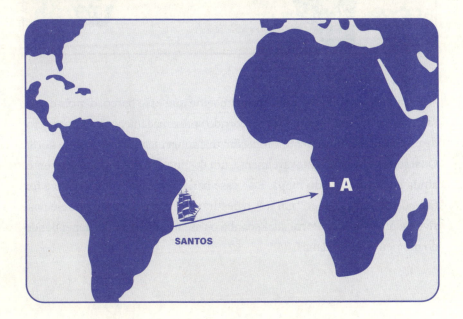

Esse barco traçou uma linha mais ou menos reta em direção ao território de Angola, no continente africano. Esse é o primeiro destino com as coordenadas iniciais, porém, antes de sair do porto, o barco recalcula a rota inicial com uma inclinação de 10º ao norte, o que fará que ele não mais atraque em Angola, mas provavelmente agora em Camarões, Nigéria ou até mesmo Gana. Foi um pequeno ajuste, certo? Sim, mas representa uma grande mudança de destino.

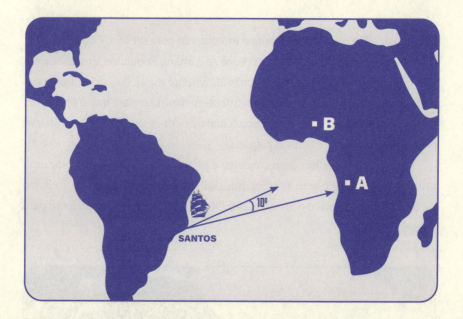

Ainda seguindo esse raciocínio, imagine que esse barco, depois de ter saído do Porto de Santos e já ter percorrido aproximadamente 30% do trajeto, decida recalcular novamente a rota com mais uma inclinação de 10º ao norte. Qual será o resultado? Provavelmente, um destino completamente diferente, ainda mais ao norte do mapa. E se esse barco continuar navegando e for fazendo mudanças de 10º em 10º, o destino terá mudado tanto que ele possivelmente chegará a Portugal, Espanha ou até mesmo Irlanda, dependendo do momento da mudança.

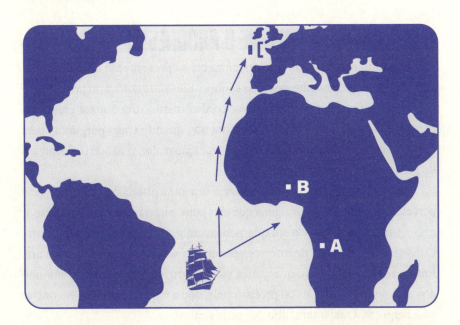

    Tudo começou com um pequeno ajuste, mas são essas pequenas mudanças que mudam completamente o destino planejado. Assim é também a nossa vida profissional! Aos poucos, com pequenos ajustes, vamos construindo novas direções. Mudanças de direção são indispensáveis se o objetivo é alcançar algo maior.

    Se continuar fazendo o que faz hoje, caminhará para os mesmos resultados. Se mudar a rota, porém, chegará a um novo destino, mesmo que essa mudança seja pequena em um primeiro momento. E isso nos prova algo muito importante: mudanças aplicadas agora alteram a rota e nos levam aos objetivos que queremos alcançar no futuro. Qual mudança está passando na sua cabeça neste momento? Ainda assim, mudar sem direcionamento não é a solução. É preciso ter consciência de onde está e para onde quer ir, aí, sim, existirá um caminho.

    Qual é o tamanho dos seus sonhos? Como você tem utilizado o seu tempo? E o que você quer para o futuro? São três perguntas simples, mas muito importantes para ter objetivos claros que permearão os próximos capítulos. Se a proposta é ajustar 10º na rota para o seu futuro, é preciso clareza do que se quer alcançar.

O DESCONFORTO PRECEDE O PROGRESSO

Durante uma palestra que realizei, comecei a apresentação com duas perguntas: "Qual é o tamanho dos seus sonhos? Eles são grandes ou pequenos?". Não quero fazer um discurso motivacional afirmando que sonhar grande ou pequeno dá o mesmo trabalho. Geralmente, quando trago perguntas para iniciar uma palestra, quero fazer uma provocação maior, já dando um contexto de para onde a palestra levará o ouvinte.

Perante quinhentas pessoas, consegui separar a plateia parcialmente, pois percebi pelo semblante de alguns que eles jamais haviam parado para pensar nisso, outros demonstravam que pensavam grande, outros se fechavam. Conseguia ver o ponto de interrogação ou um sorriso no rosto de cada um. Então, se você é do time que nunca parou para analisar qual é o tamanho dos seus sonhos, pessoais ou profissionais, dou a você a chance de encontrar essa resposta. Qual o tamanho dos seus sonhos?

> *A visão, antes de ser grande, tem que ser sua. A sua visão não precisa ser grande, tem que ser para todos.*

Chepe Putzu[14]

Na minha jornada, considero que sempre tive sonhos grandes, e justamente por saber que eles exigem movimentos proporcionais ao tamanho que têm, cheguei à conclusão de que devemos analisar os sonhos a partir da perspectiva do desconforto.

Um sonho, seja ele grande ou pequeno, traz certos desconfortos para que seja realizado. Quanto maior for este sonho, maior será o desconforto, e isso acontece porque sonhos exigem mudanças, renúncia de hábitos arraigados, que medos sejam enfrentados e habilidades sejam desenvolvidas. Afinal, para realizar um sonho muitas vezes é necessário sacrificar a

---

[14] PUTZU, C. **La visión antes de ser grande, tiene que ser tuya**. 22 nov. 2024. Instagram @chepeputzu. Disponível em: https://www.instagram.com/p/DCr8LfoyOG3/?igsh=cHA1NzIzMnk4M3c5. Acesso em: 10 jan. 2024.

segurança do que é conhecido e seguir em direção ao desconhecido. E isso, por si só, já é desconfortável.

Se queremos mudar a nossa vida pessoal e profissional, vamos nos deparar, sim, com Zonas Desconforto. O que determina o sucesso, portanto, não é evitar o desconhecido, mas aprender a encará-lo a partir de três palavras-chave: *discernimento*, *enfrentamento* e *progresso*.

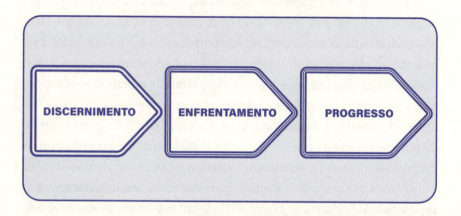

Discernimento é o primeiro passo e refere-se à capacidade que temos de reconhecer o desconforto logo que ele surge. A nossa reação inicial, muitas vezes, pode ser ignorar ou fugir, mas o desconforto é um convite à mudança, para que seja feita uma pausa para reflexão e observação. Depois, com o discernimento, conseguimos identificar de onde vem o desconforto e o que podemos mudar e aprender com ele.

Em suma, ter discernimento é estar consciente de que o incômodo é o movimento do crescimento. Assim como o ensinamento que ouvi em algum momento: "Para uma mente renovada, o impossível parece lógico". Isso nos leva a algumas perguntas que podem ser feitas: existe algum desconforto que você está evitando na sua vida profissional? Como ele pode ser observado? É um pedido de movimento em direção ao progresso? Perceba que são as suas decisões, não as suas condições, que determinam o seu destino.

Depois do discernimento, temos o *enfrentamento*, que é a mentalidade certa para seguir em frente e utilizar as ferramentas adequadas para lidar com o desconforto. Enfrentar não é mergulhar em mar aberto sem um tanque de oxigênio, mas fazer isso com o preparo necessário e os equipamentos adequados. Assim, enfrentar o desconforto é encarar com estratégia e determinação, o que pode envolver buscar conhecimento, estabelecer uma rede de apoio ou até mesmo planejar o que será feito a partir de agora. É transformar a resistência inicial em ação.

Quando enfrentamos nossos desafios, as pessoas ao nosso redor têm um impacto direto na maneira como lidamos com cada situação. Por um lado, não podemos focar a mudança de comportamento dos outros, por outro, podemos mudar as pessoas que escolhemos ter ao nosso redor. Como já ouvi o bispo JB Carvalho comentar: "Você não pode mudar as pessoas ao seu redor, mas pode mudar as pessoas ao seu redor". Quase um enigma, essa frase nos leva a refletir sobre a importância de escolher com sabedoria quem faz parte do nosso ambiente de convivência, uma decisão essencial para avançarmos diante do desconforto e realizarmos mudanças significativas em nossas vidas.

Entenda que, **para cada decisão que você toma, um novo futuro aparece**, e assim chegamos ao *progresso*. Cada um tem o seu, as suas decisões, os seus destinos. Um desconforto enfrentado e superado é o caminho para o progresso, que é também o resultado do trabalho consistente, da coragem para avançar e da mudança de atitude sobre a qual comentei antes. O progresso é a recompensa pelo esforço, é o início de um novo ciclo e oportunidade de olhar adiante. A cada novo objetivo surge um desconforto que precisa ser enfrentado para alcançar os sonhos.

Sem essa análise e sem colocar isso em prática, o desconforto será só mais uma "dor" que existe por aí e não levará você a lugar nenhum. Então responda: qual foi a última vez que você enfrentou o desconforto? Qual foi a última vez que *realmente* o enfrentou? E qual foi o resultado que obteve? Se esse desconforto era o prelúdio para o progresso, então provavelmente você deu novos passos e conquistou outras coisas.

Agora, a proposta é que você encare o desconforto sob a perspectiva dessas três palavras mágicas – *discernimento*, *enfrentamento* e *progresso* –, porque todas as mudanças, pequenas ou não, dependendo do tamanho dos seus sonhos, provavelmente vão gerar desconforto, e caberá a você fazer a leitura correta disso e avançar.

O DILEMA DO TEMPO

Costumo falar que tudo tem o próprio tempo, mas não sabemos se teremos tempo para tudo o que queremos. Aqui, refiro-me à capacidade de realização para atingir os objetivos e também ao tempo de vida que ainda temos, afinal não sabemos até que ponto poderemos realizar nossos sonhos e objetivos.

O tempo, então, escapa das nossas mãos, não para nunca e faz que estejamos sempre correndo contra ele. Como você tem gastado o seu tempo? Se estamos falando sobre atingir objetivos, sobre mudar os resultados profissionais e chegar a novos patamares, pensar sobre o tempo é indispensável para entender como está gastando o seu bem mais precioso e se essa dinâmica está servindo ao que quer alcançar. Se não estiver, é hora de rever.

No meu caso, escolho gastar o meu tempo na resolução de problemas e construção de novos projetos porque sei que essa é a minha especialidade. Porém, também separo tempo para a minha família porque isso é fundamental para mim. Sei que o meu atendimento ao cliente é muito bom, mas preciso aprender a delegar, já que essa tarefa não é aquela que me levará ao meu objetivo. Em resumo, com o passar do tempo, aprendi que existem tarefas que vão me fazer desperdiçar tempo e não vão me levar a lugar nenhum, enquanto outras me fazem estar um passo mais próximo do que quero alcançar.

Sendo assim, quero que analise a sua agenda com objetividade e perceba se está colocando-o nos lugares certos ou se está vivendo como um equilibrista de pratos, que corre de um lado para o outro tentando manter tudo girando, mas com a atenção sendo desviada a todo momento para não deixar nada cair. Isso até pode parecer produtivo à primeira vista porque os pratos estão em movimento, girando, mas, na prática, faz com que você entre em um ciclo de resolução de urgências que acaba drenando completamente a sua energia, afastando-o do que realmente importa.

À vista disso, na vida do profissional que se comporta como um equilibrista, o *tempo*, com toda a certeza, não é investido com propósito e intenção. O resultado? Cansaço, frustração, sensação de não sair do lugar, de estar sempre ocupado e sem ter tempo para fazer o que é importante. Isso sem contar a baixa realização e um caminho que não leva ao alcance de sonhos e metas.

Então é essencial parar, observar e se perguntar: quais pratos realmente precisam estar em movimento? Quais podem cair? Quais podem ser repassados? Quais priorizar? Se o tempo é o nosso recurso mais valioso e, a partir da primeira página, começamos a construir uma jornada de mudança que impulsiona o avanço, não há como ignorar a utilização do tempo para potencializar ou dificultar o progresso.

Não tente girar todos os pratos. Agora, você precisará avaliar o que quer, aonde gostaria de chegar e o que precisará ser feito. Faça isso direcionando a sua energia, utilizando o tempo de modo inteligente e gerenciando esse recurso para que você esteja enfrentando o desconforto necessário que leva ao progresso.

BACKCASTING

O sucesso é construído em sequências, um passo por vez. Mas não basta caminhar sem saber para onde está indo, é preciso planejamento. Enquanto lia *Organizações infinitas*, deparei-me com a seguinte frase: "Se a gente consegue imaginar e faz sentido, o que nos impede de fazer?".[15] Fiquei angustiado com isso e fui perceber o que me impedia de fazer. Continuei estudando e me deparei com algumas metodologias: eu precisava fazer algo que nunca tinha feito antes.

Comecei lá da frente (futuro) para o meu momento presente. Justamente por isso, o *backcasting* é uma ferramenta que funciona muito bem como ponto de partida para saber quais serão os próximos passos a serem dados e como você construirá isso, de olho no futuro que você quer atrair. Você já ouviu falar dele? É muito utilizado no mercado de inovação, startups e tecnologia. É um caminho próspero para alcançar resultados não esperados em um modo de olhar linear do que conseguimos a partir do que temos nesse momento.

John B. Robinson, acadêmico canadense, foi um dos pioneiros a utilizar o termo na década de 1980 para descrever um método de planejamento e

---

[15] KRUEL, C.; BORNELI, J. **Organizações infinitas**: o segredo por trás das empresas que vivem para sempre. São Paulo: Gente, 2021.

visualização de metas que começava pela definição de um futuro desejado e que seria trabalhado retroativamente (de trás para frente) para que o objetivo fosse alcançado.[16]

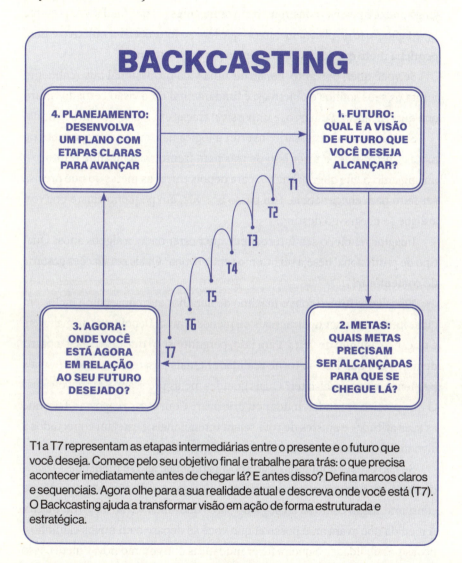

T1 a T7 representam as etapas intermediárias entre o presente e o futuro que você deseja. Comece pelo seu objetivo final e trabalhe para trás: o que precisa acontecer imediatamente antes de chegar lá? E antes disso? Defina marcos claros e sequenciais. Agora olhe para a sua realidade atual e descreva onde você está (T7). O Backcasting ajuda a transformar visão em ação de forma estruturada e estratégica.

---

[16] DREBORG, K. H. Essence Of Backcasting. **Pergamon**, ano 28, n. 9, p. 813-828, 1996. Disponível em: https://web.archive.org/web/20171201034740/https://www.unifg.it/sites/default/files/allegatiparagrafo/07-07-2014/essence-of-backcasting_1996_futures.pdf. Acesso em: 20 nov. 2024.

A palavra *backcasting* é a junção do inglês de *backward* (para trás) e *forecasting* (previsão), e essa é a explicação perfeita de como funciona essa ferramenta: em primeiro lugar, imagina-se o futuro desejado (1). Depois, com essa visualização de longo prazo, é possível construir objetivos menores (2) que mudarão o presente (3) e farão parte do planejamento (4) que leva ao futuro. **Cada objetivo é uma pequena meta que levará à concretização do planejado**.

Se você quer, portanto, construir uma vida profissional que realmente reflita os seus sonhos e objetivos, é fundamental ter a visão certa do futuro que quer alcançar. Sem isso, é impossível traçar um plano que faça sentido.

Sendo assim, é necessário inverter a lógica natural do planejamento de metas (*forecasting*) e fazer isso de trás para frente, visualizando o futuro e imaginando o que quer primeiro, para depois traçar as metas do que precisa ser feito para chegar até lá. Um passo por vez, um pequeno ajuste por vez, até que se chegue ao destino.

Imagine, então, o seu futuro: onde quer estar daqui a alguns anos? Qual tipo de profissional deseja ser? Como será a rotina? Quais realizações gostaria de comemorar?

Visualize o futuro com o máximo de detalhes que conseguir e inclua em quais itens você quer dedicar mais ou menos tempo. Depois, a próxima tarefa é traçar o caminho de volta. Para isso, pergunte-se: o que devo fazer a partir de hoje para que isso se torne realidade? Quais passos preciso dar? Quais pequenas metas preciso ter? Quais grandes metas precisam estar envolvidas? O que preciso aprender, mudar ou priorizar? Com essas respostas, faça que as suas atitudes e ajustes de rota sejam intencionais e estejam conectados a algo muito maior, que levará você aonde quer chegar.

Se não estiver com todas as respostas prontas, não se preocupe. O *backcasting* é, muitas vezes, um exercício que exige reavaliação de rota e ajuste constante, assim como na analogia do barco que muda 10° ao longo do trajeto. À medida que avançar, é possível que você se depare com novos caminhos, novas possibilidades e queira fazer mudanças que gerarão novas metas. Isso faz parte do processo de crescimento!

O mais importante é: faça isso de modo que esteja sempre avaliando o seu tempo, as suas prioridades e agindo a partir de um propósito claro. Ao ter essa consciência, saímos da zona de estagnação, da vida que apenas acontece, e entramos em um fluxo de crescimento e avanço que valoriza o desconforto responsável pelo progresso.

Com a estratégia correta, os desafios são degraus para o sucesso, e você está com tudo nas suas mãos para transformar esse desconforto em crescimento, resultado e sucesso. Lembre-se de que o Deus que permite a você sonhar é o mesmo que capacitará você para realizar os seus sonhos. Siga em frente.

ENTRE NA ZONA DESCONFORTO

Separe alguns minutos e responda às perguntas a seguir. Se sentir necessidade, anote as respostas em um caderno, tablet, bloco de notas ou outro espaço que preferir.

AUTOAVALIAÇÃO

- Qual foi o maior desafio que enfrentou nos últimos seis meses? Como o enfrentou?
- Está sendo estratégico em como enfrenta os desafios ou está apenas reagindo?
- Quais são as oportunidades escondidas nos desafios que tem enfrentado até agora?
- Qual seria uma nova abordagem estratégica que pode aplicar no próximo grande desafio?

FERRAMENTA DE ESTRATÉGIA
PONTUAÇÃO DE PRONTIDÃO PARA DESAFIOS

Avalie de 1 a 5 como você se sente em relação às seguintes perguntas, em que 1 significa que discorda totalmente e 5 que concorda totalmente.

Enfrento os desafios com uma estratégia bem-definida.	
Vejo os desafios como oportunidades para crescer.	
Sou capaz de manter a calma e a clareza de pensamento quando enfrento obstáculos.	
Tenho as ferramentas certas para superar os desafios atuais da minha carreira.	

RESULTADO

- 15-20 pontos: você está estrategicamente preparado para enfrentar os desafios.
- 10-14 pontos: reflita sobre quais áreas precisam de mais planejamento e organização.
- 4-9 pontos: o seu nível de prontidão pode estar baixo. Considere reavaliar as suas estratégias de enfrentamento de desafios.

MEDITAÇÃO

Quero que separe alguns minutos em um espaço silencioso só seu para ler a meditação a seguir. Internalize cada palavra e sinta o que isso vai reverberar em você.

> *Ao energizar o futuro que você quer atrair, ao visualizar com clareza, perceba as partes dentro de você que resistem. Vem medo, vem ansiedade. Pois comece a descartar essas partes e concentre a sua energia apenas no futuro sem pensar neste momento, se ele é possível ou não. Apenas foque aquilo que você irá criar. Concentre-se, energize, pense em cada detalhe e na sensação de vitória e realização que virá. Tire a energia da hesitação e do medo e foque a sua atenção apenas na concretização dos seus sonhos.*
>
> *– Satyanãtha*[17]

SHOWCASE: AIRBNB – O USO DO BACKCASTING PARA REDEFINIR A HOSPITALIDADE

O Airbnb é um exemplo inspirador de como desafios podem ser transformados em oportunidades. Fundada em 2008, a startup que redefiniu o conceito de hospitalidade global começou de maneira simples: os cofundadores Brian

---

[17] SATYANÃTHA. Atma: meditação e sono (aplicativo). Telefônica Vivo, 2017.

Chesky, Joe Gebbia e Nathan Blecharczyk enfrentavam dificuldades financeiras para pagar o aluguel. A ideia inicial era alugar espaços vagos na casa dele para visitantes, mas, à medida que o projeto crescia, enfrentaram desafios que colocaram à prova a resiliência e a criatividade da equipe.

Em um mercado saturado e tradicionalmente dominado por grandes redes hoteleiras, o Airbnb encontrou resistência por parte de consumidores e investidores. Era difícil convencer pessoas a abrirem a própria casa para estranhos. No entanto, os fundadores tinham uma visão clara: criar uma experiência de viagem mais acessível, autêntica e conectada às comunidades locais.

Para transformar esse sonho em realidade, adotaram uma abordagem estratégica que se assemelha ao conceito de *backcasting*. Começaram pelo fim: imaginaram um mundo no qual qualquer espaço – desde um quarto extra até um apartamento completo – pudesse se tornar uma opção confiável e atraente para viajantes. A partir dessa visão de futuro, mapearam os passos necessários para alcançar a realidade.

O primeiro foi garantir a confiança mútua entre anfitriões e hóspedes. Para isso, investiram em um sistema de avaliações, ferramentas de segurança e até mesmo serviços de fotografia profissional para destacar os imóveis. Essas iniciativas transformaram os obstáculos iniciais, assim como a desconfiança e a resistência, em diferenciais competitivos.

Hoje, o Airbnb opera em mais de 220 países e territórios, conectando bilhões de anfitriões e hóspedes.[18] Essa história demonstra que, com a estratégia certa, cada desafio pode se tornar um degrau para o sucesso. A jornada da empresa reflete um ciclo contínuo de planejamento, ação e reflexão – o mesmo processo que profissionais liberais podem e devem adotar para se desenvolverem rumo ao sucesso.

A lição deixada é clara: visualizar o futuro desejado, mapear os passos necessários e agir com intenção são práticas fundamentais para transformar até mesmo os maiores desafios em oportunidades significativas. Ao ler tudo isso, reflita: quais passos você pode dar hoje para transformar os desafios atuais nos degraus que o levarão ao futuro que deseja construir?

---

[18] SOBRE Nós. **Airbnb**. Disponível em: https://news.airbnb.com/br/about-us/. Acesso em: 16 jan. 2025.

4
ATÉ ONDE ESTICAR: AVALIAÇÃO E CONSCIENTIZAÇÃO DA DOR

Durante trinta e oito anos, vivi com uma síndrome rara não diagnosticada chamada síndrome de Ehlers-Danlos (SED). Você já ouviu falar?

Ela recebeu esse nome em homenagem aos médicos que a descreveram no início do século XX: dr. Edvard Lauritz Ehlers (1863-1937) e dr. Henri-Alexandre Danlos (1844-1912). Representa um grupo de treze doenças hereditárias do tecido conjuntivo, que podem apresentar os mais diversos sintomas, porém com alguns universais, como a hipermobilidade articular, a hiperextensibilidade da pele e a fragilidade do tecido.[19]

Em linhas simples, pode-se dizer que a hipermobilidade articular acontece quando as articulações têm uma amplitude de movimento maior do que o que é esperado ou comum, o que pode gerar nenhuma ou muita dor – esta última opção sendo o meu caso; hiperextensibilidade da pele, que acontece quando a pele pode ser esticada além do que é normal e recomendável, com mais elasticidade do que a maior parte das pessoas; e fragilidade tecidual, que é uma condição na qual os órgãos ou estruturas corporais são mais vulneráveis aos danos, gerando hematomas com mais facilidade, cicatrização dificultada e fragilidade como um todo.

[19] WHAT is EDS?. **The Ehlers-Danlos Society**. Disponível em: https://www. ehlers-danlos.com/what-is-eds/. Acesso em: 4 dez. 2024.

Uma curiosidade: diversos famosos já relataram ter essa síndrome, como a cantora Halsey,[20] a atriz Jameela Jamil,[21] a atriz Selma Blair,[22] a cantora Sia[23] e há rumores até mesmo de que Michael Phelps[24] pode ter a síndrome por se encaixar na hipermobilidade dos braços, que é uma vantagem competitiva enorme na natação pela capacidade de dar braçadas com maior alcance e movimentação. Apesar de não ser muito conhecida e ainda pouco divulgada, essa síndrome é hereditária, e a minha filha Karol muito provavelmente também é portadora, apesar de não ter recebido ainda o diagnóstico oficial por ser criança.

Fato é que, feitas as devidas explicações, a SED foi algo que permeou toda a minha vida e, além de ter gerado muitas dores – e por muitos anos –, causou também fadiga, fraqueza muscular, machucados "não explicados", e já resultou em uma cirurgia no ombro. Talvez o maior impacto dessa condição tenha sido a noção de que, apesar de ser hiperelástico e hiperflexível, algo que pode ser visto por uns como uma super-habilidade,

---

[20] HALSEY alerta fãs após diagnóstico de múltiplas doenças raras: "Não ignore seus amigos doentes". **Rolling Stone**, 14 mai. 2022. Disponível em: https://rollingstone.com.br/musica/halsey-alerta-fas-apos-diagnostico-de-multiplas-doencas-raras-nao-ignore-seus-amigos-doentes/. Acesso em: 4 dez. 2024.

[21] JAMEELA Jamil diz sofrer com doença rara que provoca elasticidade da pele. **UOL**, 29 dez. 2022. Disponível em: https://www.uol.com.br/splash/noticias/2022/12/29/jameela-jamil-diz-sofrer-com-doenca-rara-que-provoca-elasticidade-da-pele.htm. Acesso em: 4 dez. 2024.

[22] VIANA, M. F. "Dor o tempo todo", diz Selma Blair sobre rotina com esclerose múltipla e síndrome de Ehlers-Danlos. **Terra**, 1 fev. 2024. Disponível em: https://www.terra.com.br/diversao/gente/dor-o-tempo-todo-diz-selma-blair-sobre-rotina-com-esclerose-multipla-e-sindrome-de-ehlers-danlos,f004109b2d55c29df937fe76c1967773l11khnfev.html. Acesso em: 4 dez. 2024.

[23] REIS, A. Sia diz ser portadora de doença neurológica e ampara fãs: "Vocês não estão sozinhos". **Papel Pop**, 5 out. 2019. Disponível em: https://www.papelpop.com/2019/10/sia-diz-ser-portadora-de-doenca-neurologica-e-ampara-fas-voces-nao-estao-sozinhos/. Acesso em: 4 dez. 2024.

[24] NADADOR Michael Phelps: Marfan ou Síndrome de Ehlers-Danlos? **Salus Ortopedia**, 17 nov. 2022. Disponível em: https://salusortopedia.com.br/esportiva/nadador-michael-phelps-marfan-ou-sindrome-de-ehlers-danlos/. Acesso em: 4 dez. 2024.

não sou um "super-homem". Apesar dos pontos negativos, tenho outros talentos que são muito positivos, como a alta habilidade de resolução de problemas complexos.

Aterrissando ao tema do capítulo e feitas as devidas explicações, escolhi começar falando sobre isso para trazer um raciocínio importante: **até quando é possível se esticar?** Em muitos momentos, por conta da minha hiperflexibilidade, me fiz a mesma pergunta, e a analogia aqui é perfeita para tratarmos da avaliação e conscientização da dor do profissional que quer crescer e sair da zona de conforto. Precisei buscar saber o que me causava dor e o que eu poderia fazer para conseguir avançar mais sofrendo menos. Ao longo da vida, tive que ter consciência de uma síndrome complexa para que pudesse me desafiar, vencer e viver melhor, alcançando os objetivos que queria.

E você, qual é a consciência que precisa ter para que possa se desafiar, viver melhor e alcançar os objetivos que quer? Até que ponto você pode se esticar? Esticar todos podemos, a questão é entender até que momento isso é possível sem se machucar ou então até que ponto é possível esticar para chegar mais longe, atingir novos patamares, construir novos resultados.

Nesse sentido, quero já deixar uma ponderação importante na qual acredito muito: apesar de tudo o que explicarei a partir de agora, faça a leitura lembrando sempre de que Deus nos permite esticar para que possamos realizar algo. Esticar é a nossa capacidade divina de fazer diferente, de mover montanhas para atingir nossos objetivos, assim como disse o profeta Isaías na Bíblia: "Alargue o lugar da sua tenda, estenda bem as cortinas da sua tenda, não o impeça; estique as suas cordas, firme as suas estacas" (Isaías 54:2). Ele nos chama para ir além, para crescer e nos transformar enquanto buscamos realizar algo maior.

Já no estoicismo se valoriza a preparação e a resiliência diante das circunstâncias adversas. Expandir a "tenda" pode ser comparado à ampliação da mente e da alma, como ensinado por Epiteto (50-128 d.C.), que defende que devemos nos preparar para receber as oportunidades com coragem e estrutura sólida, sem medo das mudanças ou incertezas: "Não busque que os acontecimentos aconteçam como você deseja, mas deseje que eles aconteçam como acontecem, e a sua vida fluirá serenamente".[25]

DIAGNÓSTICO DA DOR E TOMADA DE CONSCIÊNCIA

Como estamos falando da construção de novos resultados profissionais, quero explicar o diagnóstico da dor e tomada de consciência a partir de uma história recente de um de meus mentorados. No fim de 2024, fiz a renovação do meu grupo de mentoria, e um cliente disse que não a faria porque não achava que tinha conseguido avançar muito, tampouco construir os resultados que desejava. Ele disse: "Brunno, aprendi muito, mas preciso colocar em prática o que eu vi porque não avancei e não estou tendo novos resultados".

Veja que curioso: apesar de não ser uma notícia "boa", não fiquei surpreso pela resposta pelo fato de que realmente não o vi se movimentar o ano inteiro. Ele nada fez para mudar a própria realidade profissional. Não tomou as decisões necessárias para gerar movimento e construir novos resultados. Em resumo, ele é médico, saiu de Diamantina, no interior de Minas Gerais, mudou-se para uma cidade maior, Uberaba, para se casar. Abriu uma clínica lá, criou uma rede de clientes, separou-se da mulher e entrou na mentoria com o objetivo de sair da nova cidade e crescer. Algo foi feito para que isso acontecesse? Não.

Infelizmente, ele não fez um movimento de diagnóstico do que estava acontecendo, de conscientização da dor que tinha (desafios que vivia) e avaliação para tomada de consciência e decisão de mudar. Paralisou, ficou no mesmo lugar e continuou, em dezembro, cobrando exatamente o mesmo que cobrava em janeiro para uma consulta, sem se desenvolver, sem criar novas redes de contato, sem mudar-se da cidade que já não fazia mais sentido para o crescimento da carreira e sem tomar qualquer outra atitude que o esticaria ao próximo desafio.

---

[25] EPITETO. **Pensador**. Disponível em: https://www.pensador.com/frase/MTk5Mjl3Mw/. Acesso em: 16 jan. 2025.

Para se ter resultados diferentes, é preciso tomar decisões diferentes. Pensando, então, sobre o diagnóstico da dor profissional que você vive hoje, qual é a decisão que você precisa tomar para que possa se esticar ainda mais e construir novos resultados?

A conscientização da dor é como um catalisador; isto é, muitas vezes, a dor enfrentada se transforma em combustível que impulsiona a mudança. Usando o desconforto, que está passando como pano de fundo ao longo de todas estas páginas, **a conscientização da dor é entender que ela será permanente enquanto quisermos avançar**. A dor precede os resultados, como já vimos. A dor e o desconforto, quando compreendidos e trabalhados, tornam-se os degraus para a próxima fase de crescimento.

Sabe aquela famosa frase em inglês, *"no pain no gain"* [sem dor, sem ganho, em tradução livre], geralmente utilizada para falar sobre o esforço feito na academia para alcançar bons resultados na saúde e no corpo? A conscientização da dor para o crescimento profissional e a tomada de consciência do que precisa ser feito segue a mesma linha de raciocínio. Com a síndrome, vivo a dor e a beleza de ter Ehlers-Danlos, o ônus e o bônus. Na vida profissional, não existem novos resultados sem o ato de avaliar os desafios, diagnosticar de onde vem a dor e tomar a atitude de mudar.

ESTICAR, CRIAR CONEXÕES NEURAIS E ENCONTRAR OS RECURSOS INTERNOS

Designada em homenagem ao cientista inglês Robert Hooke (1635-1703), a Lei de Hooke é uma propriedade da Física cujo objetivo é determinar a deformação sofrida por um corpo elástico por meio da força, afirmando que a elasticidade do objeto é diretamente proporcional à força aplicada sobre ele.[26] Se observarmos uma mola de metal, por exemplo, ao aplicarmos uma força para esticá-la, existirá uma força contrária que a segurará no lugar. Quanto mais força aplicar, mais a mola esticará.

---

[26] ASTH, R. C. Lei de Hooke. **Toda Matéria**. Disponível em: https://www. todamateria.com.br/lei-de-hooke/. Acesso em: 4 dez. 2024.

Apesar de conhecer essa lei na época dos estudos fundamentais, lembrei dela apenas recentemente, enquanto assistia a série *Prison Break*, em um episódio no qual o personagem Michael Scofield usa a Lei de Hooke para calcular os pontos de pressão na parede que está escavando para facilitar a queda dela para poder escapar da prisão.

Desse modo, se a Lei de Hooke calcula a força necessária para esticar um objeto, quero que você pense a partir da mesma analogia na sua vida profissional: qual é o esforço necessário para atingir os seus objetivos?

Essa ideia pode nos inspirar reflexões sobre nossa capacidade de adaptação e evolução na vida profissional, até porque estamos, a todo momento, desafiando a mente, criando conexões neurais novas e exercendo a plasticidade cerebral, que é a capacidade incrível que o nosso cérebro tem de gerar e fortalecer conexões neurais ao longo de toda a vida.

Meus clientes, em sua maioria nutricionistas, costumam dizer que o "paladar não retrocede": uma vez que você começa a se alimentar melhor, seja pela qualidade ou sabor, você pode até voltar ao passado para comer alguma comida que gere conexão afetiva, mas o sabor na ponta da sua língua é mais apurado. Uma vez que você começa a comer em bons restaurantes, eleva o padrão alimentar, voltar a determinados pratos passa a ser mais difícil.

Geraldo Rufino certa vez falou que todo mundo deveria voar de primeira classe, ou ao menos de executiva, uma vez na vida. Pois, ao viajar novamente na econômica e passar pelos assentos melhores na frente antes de alcançar seu lugar no fundo, já conhecendo aquele serviço, as condições de conforto e a sua mente de modo involuntário se perguntaria: *O que preciso fazer para viajar de executiva novamente?*

Assim como uma mola precisa encontrar o equilíbrio entre elasticidade e rigidez para cumprir a sua função, nossa vida exige o mesmo. Flexibilidade é um ato intencional de adaptação, não apenas uma resposta às circunstâncias. Com o cérebro, diferentemente do que acontece com alguns materiais, o processo de adaptação é fascinante: fazemos o diagnóstico do que precisa ser mudado, tomamos decisões, geramos novas conexões e, automaticamente, estamos estendendo o nosso potencial cognitivo, transformando mudanças breves em permanentes.

Uma curiosidade: uma vez que as conexões são criadas, elas nunca mais se perdem completamente, e podem ser reforçadas ou enfraquecidas; ou seja, ao colocar-se sempre nesse espaço da Zona Desconforto e estar em processo constante de evolução profissional, você permanentemente gerará novas conexões, estimulando a neuroplasticidade e dando a si mesmo a possibilidade de esticar e ter ainda mais resultados.

Todos os recursos de que você precisa para fazer esses movimentos estão dentro de você. O que é eu quero dizer é que mesmo que você se julgue uma pessoa que não consegue ser pontual e cumprir horários, pode ter certeza de que vai encontrar uma ocasião em foi 100% pontual.

Qual foi o último voo que você pegou? Você chegou no horário? O que estava em jogo naquele dia? Algo dentro de você fez com que fosse 100% pontual, a fim de não perder aquele voo. Identifique quais foram as motivações para que isso acontecesse. Verá que são características e compromissos pessoais que fazem você ser pontual naquele instante. Não foi por conta da taxa de remarcação. Pelo contrário, dentro de você existia uma motivação para tudo o que era necessário fazer.

Às vezes, a mesma motivação para chegar no horário de um voo é o que falta para que se inicie uma atividade física. Compromisso, disciplina. Tudo o que você precisa é despertar quem você é, reavaliar e preservar a sua identidade e as suas capacidades.

Então, lembre-se: a avaliação da dor e **as mudanças só começam quando você confia no seu potencial para esticar** e se permite explorar os seus recursos internos para tal.

ESTICAR E AVANÇAR OU ESTICAR E ROMPER

Ainda pensando sobre até onde é possível se esticar no âmbito profissional, existem duas possibilidades: esticar-se e se desenvolver ao máximo ou se esticar até romper. Quero contar duas histórias sobre isso para ajudar a trazer reflexões que podem servir para o status atual da sua carreira e os seus próximos passos.

A primeira é sobre a norte-americana Simone Biles, que nasceu em 1997 e é considerada, hoje, uma das ginastas mais talentosas do mundo, tendo conquistado duas medalhas de ouro com apenas 16 anos no Campeonato da Antuérpia[27] e que coleciona, atualmente, mais de trinta medalhas em campeonatos mundiais, sendo que, desse total, 23 são de ouro.[28]

Foi uma ascensão meteórica! Naquela época, e ainda hoje, ela é o que muitos consideram como o sucesso puro e absoluto de um atleta, porém, quando parecia estar no auge, percebeu também que estava no limite físico e mental, que foi algo visto pelo mundo todo nos Jogos Olímpicos de Tóquio, em 2020, quando errou movimentos simples e teve dificuldades de controlar o corpo no ar. Em seguida, recebemos a notícia de que ela havia tomado a decisão de se retirar de várias competições de Tóquio para priorizar a saúde mental e emocional.

Ela avançou, esticou, superou limites, atingiu objetivos, mas percebeu, naquele momento, que havia esticado demais e rompido o limiar que a prendia ao bem-estar. Para mim, **a vulnerabilidade caminha junto da maturidade**. Se antes comentei que tomar uma atitude é preciso para gerar a mudança, saiba que até mesmo desistir é tomar uma atitude. Não existe problema nenhum em desistir, contanto que você esteja muito confortável com essa decisão e com o caminho tomado. Para Biles, aquela decisão de desistir foi determinante, e nos Jogos Olímpicos de Paris 2024 ela estava completamente recuperada e conquistando novas medalhas.

"Desistir" parece uma palavra forte, pesada e que carrega um peso enorme, mas vamos ser sinceros: qualquer um desiste. Pode ser que não estejamos falando de um lado somente profissional, mas em todas as esferas da vida. Desistir é natural. Então, se desistir pode parecer pesado para você também, use "recalcular a rota", mude os planos ou até mesmo dê "prioridade" onde você escolhe algo em vez de outro ponto.

---

[27] SIMONE Biles. **Olympics**. Disponível em: https://olympics.com/pt/atletas/simone-biles. Acesso em: 5 dez. 2024.

[28] GINÁSTICA artística: saiba quantas medalhas Simone Biles tem; ela é recordista em sua categoria? Entenda. **O Globo**, 1 ago. 2024. Disponível em: https://oglobo.globo.com/esportes/olimpiadas/noticia/2024/08/01/ginastica-artistica-saiba-quantas-medalhas-simone-biles-tem-ela-e-recordista-em-sua-categoria-entenda.ghtml. Acesso em: 4 dez. 2024.

Vejamos outra história. Em outubro de 2024, recebi uma aluna na minha imersão que, entre outras dinâmicas, oferece aos mentorandos a possibilidade de se apresentar três vezes. Apesar de ter ido bem na primeira palestra, ter se aberto sobre uma deficiência que tem nas mãos, ela acabou desistindo de palestrar na segunda chance e saiu muito chateada da sala. Lembro-me de que vários alunos e facilitadores do curso foram conversar com ela, enquanto eu esperei para que pudéssemos falar sozinhos.

Quando finalmente tive uma oportunidade, ela me disse que não conseguia palestrar porque estava com a sensação de que todos ali estavam olhando para as mãos dela, para a deficiência, agora que sabiam o que se passava. Com muito carinho, mas tentando provocar a Zona Desconforto nela, falei que não deveria se preocupar com isso, até porque não era algo ruim, e as pessoas não estavam preocupadas com isso. Elas queriam ouvir o que ela tinha de melhor para dar no palco, independentemente daquela condição. Até porque ela era formidável. Foquei realmente as competências que ela tinha, algo que muitos desejam e não têm – e ela tem de sobra.

Falei sobre meus erros no palco, contei sobre o medo que eu sentia no início e como eu havia abraçado a dor do desconforto para poder ter novos resultados na minha vida profissional. Sem nem mesmo precisar insistir para que ela tentasse novamente, ela pediu: "Posso tentar novamente?". Fiquei muito feliz. Ela entrou na sala em que estavam os alunos, começou a fazer uma palestra completamente diferente da original e foi incrível.

Terminou a fala, inclusive, comentando sobre como o ato de persistir ou desistir é como aprender a andar de bicicleta: quando uma criança anda de bicicleta e cai, se ela não tenta novamente no mesmo dia, dorme com aquele trauma e convive com ele para o resto da vida. Justamente por isso ela decidiu voltar e tentar palestrar novamente: tinha caído e vivido o trauma, mas não queria dormir com aquela dor e precisava superar os limites. Ou seja, ela decidiu avaliar como estava e esticar.

Percebe quais são as ideias principais aqui? Quando falamos sobre esticar, é possível superar os próprios limites e atingir o que nunca esperamos ou é possível precisar avaliar para não esticar até romper. **Saber até onde esticar é a diferença entre crescer e quebrar.**

Na sua vida profissional, você precisará ter isso em mente. Às vezes, o maior sinal de força profissional não é avançar a qualquer custo, mas fazer isso aos poucos e com planejamento e até mesmo ter a coragem de pausar, assim como a Simone Biles. **O desconforto é um lembrete de que você está no caminho da evolução.** Abrace-o como parte essencial do seu progresso.

Qual é o seu limite? O que você quer para a sua vida profissional? É possível esticar até lá? Como fazer isso? Pense nesses pontos.

ATÉ ONDE VOCÊ SONHAR SERÁ ATÉ ONDE VOCÊ PODE REALIZAR

Philippe Petit, equilibrista francês, já comentou sobre superar o impossível durante uma palestra no TED Talks: "O improviso te fortalece, porque ele aceita o desconhecido. E como o impossível também é desconhecido, isso me permite acreditar que posso enganar o desconhecido".[29] Para quem não conhece, Petit cruzou, equilibrando-se em uma corda bamba, em 7 de agosto de 1974, as torres do World Trade Center, em Nova York (EUA). Depois fez o mesmo com diversos monumentos populares.[30]

No entanto, o que muitos não sabem é que, por trás daquele desafio, existia muita preparação, treino e trabalho duro, além de uma mente disponível a desafiar o próprio limite, acreditando que o impossível era apenas uma construção mental.

Quando olhamos o impossível com lentes que nos dizem que podemos enganá-lo, estamos convidando-nos ao desafio e à superação. Em outras palavras, Petit imaginou, sonhou e foi atrás. Por que não fazer o mesmo

---

[29] THE Journey Across the High Wire. **TED2012**, mar. 2012. Disponível em: https://www.ted.com/talks/philippe_petit_the_journey_across_the_high_wire. Acesso em: 16 jan. 2025.

[30] SOPRANA, P. Philippe Petit: "Dei às pessoas a imagem de que nada é impossível". **Época**, 11 nov. 2015. Disponível em: https://epoca.globo.com/vida/noticia/2015/11/philippe-petit-dei-pessoas-imagem-de-que-nada-e-impossivel.html. Acesso em: 3 dez. 2024.

a partir de agora? Nada é inatingível para quem quer. Se você consegue imaginar e faz sentido, o que te impede de realizar? Até onde você sonhar será até onde pode realizar. Essa é a análise que quero que você faça para fechar este capítulo.

Abra espaço para a imaginação, para os desafios. Avalie a sua vida profissional hoje e até onde pode esticar para alcançar os resultados que quer. **Saiba que os seus limites é você mesmo quem impõe.**

ENTRE NA ZONA DESCONFORTO

Separe alguns minutos e responda às perguntas a seguir. Se sentir necessidade, anote as respostas em um caderno, tablet, bloco de papel ou outro espaço que preferir.

AUTOAVALIAÇÃO

- Quais áreas da sua vida profissional estão causando dor e desconforto?
- O que essas dores revelam sobre os seus pontos fortes e fracos?
- Como pode transformar as dores em oportunidades de aprendizado e crescimento?
- Quais são os principais sinais que o seu corpo ou a sua mente dão quando estão no limite?

ESCALA DE AUTOCONHECIMENTO

Responda cada afirmação com verdadeiro (V) ou falso (F).

( ) Eu reconheço meus sentimentos de desconforto antes de eles se tornarem grandes problemas.

( ) Eu entendo as causas das minhas dificuldades e dores no trabalho.

( ) Eu tenho clareza de como usar as minhas fraquezas a meu favor.

PRÁTICA: VISUALIZAÇÃO

Feche os olhos por um momento e visualize o maior desafio que você enfrenta hoje. Imagine-se lidando com ele e reflita: quais são os recursos internos de que você precisa neste momento? Pode ser força, paciência, criatividade, resiliência, rotina, comprometimento ou outros. Agora, pergunte-se: *Qual é o primeiro passo que posso dar hoje para começar a superar isso sem me sobrecarregar ou desistir?*

Liste três pequenas ações que você pode realizar para aliviar ou superar as áreas de desconforto que identificou. Essas ações devem ter como foco o crescimento e a autoconsciência. Por fim, relembre situações na sua vida em que você já utilizou esses recursos internos necessários e reflita sobre como pode aplicá-los novamente agora.

SHOWCASE: BRENÉ BROWN E A VULNERABILIDADE

A jornada de Brené Brown é um exemplo poderoso de como a autoavaliação e a conscientização da dor podem se transformar em catalisadores de transformação pessoal e profissional. Brown, uma pesquisadora renomada, autora de best-sellers e palestrante internacional, passou boa parte da carreira estudando conceitos como vulnerabilidade, vergonha e coragem. No entanto, foi a própria experiência com esses temas que lhe permitiu criar um impacto profundo no mundo.

Durante pesquisas, ela percebeu que o tema da vulnerabilidade estava diretamente relacionado às próprias dificuldades em aceitar imperfeições e abraçar a autenticidade. Essa realização pessoal foi um divisor de águas na vida da autora. Ela se aprofundou nessas descobertas acadêmicas, decidiu enfrentar os medos e compartilhar as vulnerabilidades com o mundo.

Um exemplo marcante dessa transformação foi a palestra no TEDx Houston em 2010, intitulada *The Power of Vulnerability*.[31] Brown expôs as próprias lutas internas e mostrou como a vulnerabilidade, muitas vezes vista como fraqueza, é, na verdade, uma das maiores fontes de força humana. A palestra se tornou um fenômeno mundial, com milhões de visualizações, impulsionando-a para o reconhecimento global.

O sucesso não veio sem desafios. Enfrentar e aceitar as próprias limitações exigiu um trabalho árduo de autoavaliação e uma disposição para

---

[31] THE Power of Vulnerability – Brené Brown. **TEDx Houston**, jun. 2010. Disponível em: https://www.ted.com/talks/brene_brown_the_power_of_vulnerability?subtitle=en. Acesso em: 10 jan. 2025.

se abrir ao desconforto. Ela aprendeu que o caminho para a coragem e o crescimento começa com a disposição de encarar a própria dor e a fragilidade. "A vulnerabilidade não é fraqueza; é a nossa maior medida de coragem",[32] disse em um dos seus livros mais famosos.

O impacto desse processo não se limitou à vida pessoal de Brown. A abordagem transformadora influenciou milhões de pessoas, desde líderes empresariais até indivíduos comuns em busca de autenticidade. Ao ensinar que a vulnerabilidade é essencial para a conexão humana e para a construção de relacionamentos significativos, a autora criou um movimento cultural que redefine o sucesso como algo mais profundo do que conquistas externas.

Para profissionais liberais, essa história oferece uma lição poderosa: **a verdadeira força está na disposição de olhar para dentro**, aceitar as falhas e transformá-las em oportunidades. Assim como Brown fez, é essencial abraçar o desconforto como um espaço de crescimento e inovação.

---

[32] BROWN, B. The Physics of Vulnerability. **Daily Good**, 11 dez. 2021. Disponível em: https://www.dailygood.org/story/1973/the-physics-of-vulnerability-brene-brown/. Acesso em: 16 jan. 2025.

5
ESTRATÉGIAS E MAPEAMENTO MULTICANAL

á alguns meses, eu estava entrando no prédio em que moro com a minha família e fui abordado por um senhor que acredito ter mais de 60 anos. Estávamos dentro do prédio, então imaginei que ele também morava ali. Perguntou qual era o meu nome, como eu estava e, depois, se eu tinha alguns minutos para conversar sobre autismo. Achei estranho, mas falei que poderíamos, sim, conversar sobre o assunto.

Ficamos ali por algum tempo enquanto ele me explicava que era jornalista, havia escrito um livro sobre autismo e estava divulgando-o para que as pessoas pudessem ter mais consciência sobre esse assunto, que ainda é tão pouco divulgado no Brasil e que precisa de muita atenção e cuidado. O nome dele é Oswaldo Freire, e o livro tem o título O *desafiante mundo do autista*.[33] Disse ter percebido que, além de ter um propósito muito grande de conscientização, esse era um mercado pouco explorado, com muito espaço para crescimento. Ficamos ali conversando mais um pouco, peguei o cartão dele e subi para o meu apartamento.

Nesta semana, enquanto escrevo este capítulo, desci para fazer o meu treino de rotina na academia do prédio e vi que o mesmo senhor havia deixado cartões de visita e *flyers* do livro nos equipamentos. Fiquei feliz e impressionado. É uma atitude muito simples e ao mesmo tempo poderosa em relação à divulgação do próprio trabalho. Antigamente, era assim que se vendia, era assim que se mostrava o que se fazia e produzia. Não sei quantos anos você

[33] FREIRE, O. **O desafiante mundo do autista**: obstáculos e possibilidades no labirinto do amor. Brasília, 2024.

tem ao ler este livro, mas, se for um pouco mais velho, provavelmente saberá exatamente do que estou falando.

Fiquei contente porque vi que ele segue mostrando ao mundo o trabalho importante que está realizando e me impressionou a atitude dele de ampliar a bolha e levar para onde for o que está fazendo. Não duvido que ele esteja fazendo essa mesma divulgação nas plataformas digitais, em outros meios e até mesmo buscando parcerias para mostrar o trabalho no bairro e na cidade toda.

Ele está fazendo um movimento de *expansão* a partir de uma *estratégia* muito simples com um *mapeamento multicanal*, que nada mais é do que se colocar nos pontos de contato com o público, seja on-line, off-line ou combinando canais. Assim, é possível ampliar os serviços que você oferece e criar bons relacionamentos com os clientes para poder expandir, crescer e fidelizar. **Multicanalidade não é ser visto, é ser encontrado**.

É importante pensar nisso porque as pessoas – e os potenciais consumidores – não estão todas em um mesmo lugar, não consomem apenas um único tipo de produto ou serviço. Existe diversidade de hábitos de consumo, especificidade de perfis e muito mais. Então, em vez de furar a bolha, assim como é dito popularmente, é preciso *ampliar a bolha*, que é algo em que acredito e que defendo. Diversificar canais é investir em relevância, estar em um único lugar é arriscar ser esquecido; adaptar-se e entrar em diferentes canais não é perder a essência, é amplificar a sua mensagem, como veremos mais adiante neste capítulo.

Como você pode ampliar a sua bolha? Em quais canais estão os seus clientes? Como você pode buscar oportunidades dentro do seu nicho para que possa expandir e crescer ainda mais? São perguntas iniciais, porém vamos começar pela base de tudo: serviço × produto.

O QUE VOCÊ OFERECE?

Se nosso objetivo é crescer e ampliar o que estamos oferecendo a partir de uma estratégia com mapeamento multicanal, o primeiro passo é avaliar o que é oferecido hoje e quais são as oportunidades que existem dentro do mercado em que se atua. Então, a primeira pergunta é: o que você oferece hoje? É um produto ou serviço? É um produto digital? Para que não haja dúvidas, vamos aos conceitos básicos.

SERVIÇO

Oferecer um serviço é fazer uma entrega para um cliente de modo que isso seja feito com base em habilidades, tempo ou até mesmo conhecimento adquirido na sua área, e envolve a participação direta do profissional para que isso aconteça.

Alguns exemplos de serviços: consultorias, consultas médicas, procedimentos estéticos, sessões de terapia, atendimentos com nutricionista, horário marcado com personal trainer, aulas particulares, treinamentos ou workshops nas mais variadas áreas, mentorias ou sessões de coaching, fotografia e filmagem, serviços relacionados a casamentos e muito mais.

Oferecer um serviço está diretamente conectado ao esforço e à disponibilidade do profissional que o presta, mesmo que isso envolva o trabalho de colaboradores, como uma clínica médica na qual existe o profissional principal, o médico, mas podem existir também outras pessoas, como uma recepcionista para os atendimentos. No fim das contas, esse médico oferece um serviço a partir da experiência com consultas individuais para os pacientes.

Dentro desse contexto, existem vantagens e desafios de oferecer serviços. Vantagens: é altamente personalizável e gera uma relação de proximidade com o cliente. Desafios: todos temos vinte e quatro horas para viver em um dia, e é mais difícil alavancar a vida profissional oferecendo serviços. Ou seja, quem oferece serviços tem tempo limitado disponível para poder gerar resultados.

PRODUTO

Produto é tudo aquilo que é tangível de se criar e vender, pode ou não ser físico, e não necessariamente depende da presença do profissional para o funcionamento. Pode gerar receita mesmo quando o profissional não está envolvido diretamente, assim como acontece com profissionais que revendem produtos de terceiros e fazem apenas a conexão entre fornecedores e compradores, no caso de uma loja on-line, por exemplo.

Dentro da escala dos produtos, também existem os digitais, que começaram a aparecer com bastante força nos últimos anos e são extremamente escaláveis, porque geralmente são cursos e mentorias gravadas que são disponibilizadas para os alunos e continuam rodando e sendo vendidos até que o profissional decida tirar aquele conteúdo do ar. Porém existem outros exemplos de produtos físicos, como uma loja de suplementos para nutricionistas, livros vendidos em livrarias, lojas de jogos, instrumentos musicais, acessórios, joias, artesanato, chocolate, supermercado, decoração e muito mais.

A vantagem de se vender um produto é que, dependendo do processo de fabricação, se for físico, replicável e não artesanal, é possível que sejam produzidos em grande escala. Outra vantagem, caso seja um produto digital, é que pode ser vendido e distribuído também em grande escala por ser gravado e estar imediatamente pronto para quem quiser comprar e consumir.

O desafio de se vender um produto físico está justamente no alto investimento em produção, logística, espaço de armazenagem e outras despesas fixas que exigem um faturamento mais alto e investimento maior para que se tenha retorno. No caso do produto digital, há um investimento na produção, porém, esse montante é pequeno quando comparado ao retorno possível.

Assim, quero que você analise o seu negócio ou o nicho em que trabalha: o que você oferece hoje? Como pode ampliar a sua bolha e oferecer mais para crescer, esticar e chegar ao seu objetivo profissional? **Talvez, o que você esteja oferecendo não seja o suficiente para crescer o quanto quer.** Ou, em outro caso, pode oferecer muito, mas não cobrar adequadamente. Pode ser necessário buscar outros produtos ou serviços para ampliar a sua bolha – ou apenas digitalizar, se fazer presente nas redes sociais, encontrar novas oportunidades dentro do seu mercado. É possível também que você tenha que avaliar o local em que mora, se é possível expandir ou até se é preciso mudar para crescer.

Costumo chamar esse movimento de avaliação das oportunidades de produtos e serviços de **hiperflexibilidade de oportunidades**, porque você está analisando o universo ao qual pertence, o nicho que atende, e pensando em como fazer a diversificação do que oferece para crescer e chegar a novos patamares.

Entre essas e outras possibilidades, ampliar a bolha, criar estratégias e fazer um mapeamento multicanal é um movimento que se faz pensando em *oportunidades* que não o fazem esticar até romper. Tenha isso em mente. Ampliar a bolha é expandir a Zona Desconforto com consciência e de modo que saia do automático e ofereça mais e melhor, mantendo a sustenbilidade do negócio no longo prazo. Então faça uma análise da sua vida profissional e encontre os caminhos possíveis para ampliar, pensando sempre em criar estratégias para expandir os canais.

CRESCIMENTO EXPONENCIAL E DIGITALIZAÇÃO

Tenho falado muito nas minhas palestras sobre crescimento exponencial e digitalização. Eu sou fascinado por inovação, inteligências artificiais e tudo o que envolve esse universo de mudança no qual estamos vivendo e com o qual ainda estamos nos acostumando – ou até mesmo aprendendo a lidar. Esse assunto já não é algo que dá para ignorar.

Não dá mais para ser um profissional que quer crescer, expandir, ter novos resultados se você ignora as mudanças que estão acontecendo. **E quando pensamos em crescimento, muitas vezes o que faz a diferença não é dominar uma teoria, mas uma ferramenta**. A teoria está aí para aprendermos, porém precisamos colocar a mão na massa, fazer acontecer, tomar decisões e agir em cima disso.

Peter Diamandis, empreendedor, médico, engenheiro, futurista, autor best-seller, cofundador da Singularity University e da XPRIZE Foundation, fala sobre isso ao levar conceitos de inovação e tecnologia aos mais variados contextos, sempre abordando o futuro a partir do viés de que os avanços tecnológicos são soluções que podem nos ajudar a ir mais longe. Dentre teorias e frameworks, Peter explora os 6 Ds do crescimento exponencial ou 6 Ds das tecnologias exponenciais, cujo princípio é avaliar como as tecnologias exponenciais estão se desenvolvendo e impactando o mundo no qual vivemos.[34]

Apesar de ter uma aplicação diferente – e, a seguir, você entenderá por quê – acredito que os conceitos podem, sim, ser transportados para o universo do

---

[34] THE 6 D's. Peter H. **Diamandis**, 21 nov. 2016. Disponível em: https://www.diamandis.com/blog/the-6ds. Acesso em: 16 fev. 2025.

livro, e vou explicar em seguida cada um dos pontos fazendo uma análise de como enxergo esse crescimento exponencial para que ele seja usado no desconforto que gera crescimento.

1º D: DIGITALIZAÇÃO

Não dá mais para ignorarmos o fato de que o digital é importante. Assim, a digitalização acontece quando um produto, serviço ou até mesmo uma informação é transformada em dados digitais, fazendo com que seja mais acessível, fácil de replicar e distribuir globalmente. As fotografias, ao saírem do papel e se transformarem em arquivos digitais, passaram por esse processo. Outro ótimo exemplo é a passagem da música dos discos em vinil e CDs para o streaming.

Trazendo para o contexto do crescimento da carreira, quero que pense na digitalização como uma das maneiras de encontrar uma estratégia multicanal e ampliar a bolha em que atua hoje: existe algo dentro do que você oferece que poderia ser digitalizado e distribuído de modo amplo? Faça esse mapeamento.

O Spotify é um exemplo claro de como a digitalização pode transformar uma indústria inteira. Antes da plataforma, a música era consumida principalmente por meio de CDs e downloads pagos, limitando o alcance e a acessibilidade. Com visão estratégica, o Spotify digitalizou não apenas o acesso à música, mas também a experiência de consumo, oferecendo playlists personalizadas, recomendações baseadas em dados e análise global. Essa abordagem multicanal ampliou a distribuição da música e redefiniu como artistas se conectam com o público, servindo de inspiração para profissionais que desejam expandir os próprios serviços e alcançar novos mercados.

2º D: DECEPÇÃO

Uma vez que é feita a digitalização, a percepção de progresso do que está acontecendo pode parecer lenta demais. Isso acontece porque, segundo Diamandis, tecnologias exponenciais levam tempo para ganhar corpo e evoluir. Os avanços iniciais podem parecer imperceptíveis, mas estão acontecendo. Pense nos computadores. No início, eram um produto caro e acessível a poucos. Depois, com o tempo e com as novas tecnologias, foram barateados, passaram a ser mais acessíveis e hoje estão presente em boa parte das casas.

A partir do momento em que você tomar a decisão de digitalizar, portanto, saiba que o segundo D, da decepção, é natural. Esteja preparado. Talvez os resultados da digitalização que você começará a construir não sejam perceptíveis logo no início, mas esse é um processo natural.

3º D: DISRUPÇÃO

Quando termina o período da decepção e dos avanços em passos pequenos, inicia-se a disrupção, que é a melhora exponencial da tecnologia e do que está sendo oferecido. Em linhas gerais, quando falamos de produtos que são distribuídos em ampla escala, a disrupção afeta setores inteiros e muda os hábitos de consumo dos clientes.

Aqui, avaliando a prospecção de crescimento que você está construindo, quero que pense na disrupção como o momento em que a digitalização dará certo e começará a trazer novos resultados. Os pequenos passos foram dados, e agora é possível começar a ver resultados mais consistentes das mudanças que implementou.

Airbnb e Uber são exemplos emblemáticos de disrupção que transformaram setores inteiros. Ambos começaram como ideias simples – compartilhamento de lares e carros, respectivamente – e desafiaram mercados estabelecidos, como a hotelaria e as cooperativas de táxis. Com a digitalização, eles criaram plataformas escaláveis que conectam diretamente usuários e provedores de serviços, oferecendo experiências mais acessíveis e personalizadas. A disrupção promovida por essas startups mudou hábitos de consumo e redefiniu o conceito de conveniência, mostrando que, com os passos certos, é possível transformar pequenas inovações em forças globais.

4º D: DESMATERIALIZAÇÃO

Essa é a etapa em que produtos físicos e serviços começam a desaparecer por consequência da digitalização, dando espaço apenas aos produtos digitais. A substituição de mapas de papel pelo Waze ou Google Maps é um ótimo exemplo desse processo.

Analise se não estamos em um momento em que a digitalização faz com que o seu produto ou serviço personalizado já não faça mais sentido, uma vez que uma opção digital ganhou corpo e está fazendo sucesso. É possível que esse D não seja uma possibilidade na sua área, afinal, talvez não seja o seu objetivo crescer nesse mercado. Se for esse o caso, está tudo certo. O mais importante é considerar a possibilidade de que a digitalização aconteça de modo tão forte e estruturado que abrirá portas para novas oportunidades que antes não existiam.

O lançamento do iPhone, em 2007, marcou o início da desmaterialização de inúmeros dispositivos físicos em um único aparelho digital. Câmeras, mapas, calculadoras, gravadores de voz, agendas, tocadores de música e até lanternas se tornaram funções integradas a um smartphone.

5º D: DESMONETIZAÇÃO

Aqui os custos associados ao produto digital caem, fazendo com que ele seja mais acessível às pessoas. O serviço de armazenamento em nuvem é um ótimo exemplo. Tornou-se algo tão comum e cotidiano que o valor diminuiu ao longo dos últimos anos e é possível contratá-lo a preços muito acessíveis.

Na sua carreira, a desmonetização talvez não aconteça, até mesmo porque a ideia não é fazer esse movimento de modo que você perca faturamento, mas, sim, que consiga crescer e atingir os seus objetivos. Porém, é possível que os seus custos para produzir produtos digitais diminuam e você consiga escalar ainda mais. Ou então é possível criar produtos distribuídos gratuitamente para expandir ainda mais o negócio que oferece.

Para profissionais autônomos, esse modelo serve como uma grande lição: em vez de competir apenas com produtos, é possível agregar valor aos serviços por meio de tecnologias acessíveis, como inteligência artificial e automação, aumentando o impacto e a escalabilidade do que já oferecem. A chave é transformar ferramentas desmonetizadas em aliadas para enriquecer a experiência do cliente e fortalecer o diferencial do serviço.

6º D: DEMOCRATIZAÇÃO

Este é o momento em que a tecnologia se torna acessível e disponível, sem barreiras geográficas, financeiras ou sociais. Pensando no que você oferece, quero que imagine essa etapa como aquela em que você alcançou novos níveis e fez com que o seu trabalho chegasse a ainda mais pessoas. Você está construindo o que sempre sonhou.

Para o profissional liberal, essa etapa simboliza a possibilidade de ampliar o impacto, oferecendo serviços ou produtos que, por meio da tecnologia, podem atingir audiências globais, rompendo as barreiras que antes limitavam o crescimento e a relevância. Esse é o ponto alto de uma das minhas empresas, a Science Play®, que tem como foco expandir o acesso de estudantes e profissionais da saúde ao que existe de melhor no conteúdo técnico-científico no mundo. Assim, já atingimos mais de 95 nacionalidades por meio do nosso trabalho.

No livro *Bold: oportunidades exponenciais*, que aborda justamente o conceito dos 6 Ds, Peter Diamandis traz, em uma frase, algo que é a coroação de uma dificuldade que permeia a nossa vida em relação à adaptação ao que é exponencial, à digitalização que vivemos e muitas vezes não damos conta de nos adaptar. Ele diz:

> *Subestimar o poder dos exponenciais é fácil de fazer. Nós, primatas, evoluímos em um mundo local e linear. Naquela época, a vida era local porque tudo na vida de nossos antepassados geralmente ficava a um dia de caminhada. Se algo acontecesse do outro lado do planeta, não sabíamos nada sobre isso. A vida também era linear, o que significa que nada mudou ao longo dos séculos ou mesmo milênios. Em total contraste, hoje vivemos em um mundo que é global e exponencial. O problema é que nossos cérebros – e, portanto, nossas capacidades perceptivas – nunca foram projetados para processar nesta escala ou nesta velocidade. Nossa mente linear literalmente não consegue entender a progressão exponencial.*[35]

Não fomos criados para viver com tamanha velocidade de mudança, tampouco conseguimos acompanhar em perfeita harmonia o que está acontecendo a todo momento. No entanto, Peter comenta a importância

---

[35] DIAMANDIS, P. **Bold: oportunidades exponenciais**: um manual prático para transformar os maiores problemas do mundo nas maiores oportunidades de negócio... e causar impacto positivo na vida de bilhões. São Paulo: Alta Books, 2018.

de adaptação para que possamos crescer, evoluir e continuar em um processo que abraça o desconforto e dá boas-vindas ao crescimento:

> *Hoje, a tecnologia exponencial não está apenas eliminando as empresas lineares, mas também eliminando as indústrias lineares. Está mudando todo o cenário, interrompendo os processos industriais tradicionais – como o processo pelo qual os bens de consumo são inventados e chegam ao mercado. Para o empresário certo, há uma oportunidade considerável nessa ruptura.*[36]

Há oportunidade. Há possibilidade de desenvolvimento, de avanço e de fazer diferente. Há oportunidade de mudar o mercado e crescer. E você está com a oportunidade nas mãos. Esse processo de digitalização ainda é recente e há muito a ser explorado. O que você pode fazer, portanto, para colocar isso em prática na sua vida profissional e chegar ainda mais longe? Reflita e tome essa decisão.

BÔNUS: ATENDIMENTO AO CLIENTE

Costumo falar que o atendimento ao cliente não pode ser apenas o coração de uma empresa, ele precisa ser parte essencial da vida de quem está no comando desse barco. Cuidar do atendimento ao cliente muda tudo, por isso trago esse conceito como bônus. Vou compartilhar uma história da minha própria empresa que aconteceu há pouco tempo para ilustrar melhor esse ponto.

Já contei em outro momento que fiz a renovação da minha turma de mentoria. Foi nessa ocasião que recebi um feedback específico de uma pessoa falando que faria a renovação, porém tinha sentido a minha falta durante todo o ano em que trabalhamos juntos. Embora tenha ficado surpreso no início, quando parei para analisar a situação percebi que fazia sentido o que ela estava me contando. Apesar de ter marcado presença, conduzido todos os encontros e seguido o mesmo padrão de entrega que sempre tive, foi um

---

[36] DIAMANDIS, P. *op. cit.*

ano atípico para a Science Play® porque algumas mudanças internas foram necessárias e a comunicação mudou.

Quando entendi isso, percebi o que havia acontecido: apesar de entregar tudo com o mesmo nível de qualidade e presença, o meu cliente estava sendo atendido de modo diferente e isso havia gerado ruídos, e alguns alunos sentiram a minha falta.

Foi no silêncio que percebi uma "falha" e dei ainda mais atenção ao atendimento ao cliente, que não só é o coração da minha empresa como também é o meu. Mesmo no silêncio, nossos clientes dão indícios de oportunidades que perdemos. Nas reclamações, existem oportunidades de crescimento. Se não há elogios ou reclamações, também existem oportunidades que estamos deixando de ver. Transformei, então, essa questão da comunicação em uma oportunidade: criei um grupo novo de mentoria, que se chamará A Mesa, para que os mentorandos possam ter mais contato comigo.

Como diria Mauricio Benvenutti, sócio da StartSe, autor best-seller e um empreendedor com uma carreira louvável – além de alguém que admiro muito: "Hoje, você não constrói algo *para* o cliente. Você constrói *com* o cliente!". Aprendi isso enquanto estive com ele no Vale do Silício, e é algo que guardo sempre comigo. Construí essa nova mentoria com o cliente, não apenas para ele. Ouvi no silêncio a possibilidade de oportunidade e a abracei. Criei uma estratégia, fiz o mapeamento de um possível novo canal e estou desenvolvendo-o.

Faça isso! Escute os seus clientes, veja o que há de oportunidade até mesmo no que não é dito e amplie a sua bolha para criar mais oportunidades que farão sentido com o negócio em que atua.

O mercado não está saturado para quem está bem-preparado, para quem faz a avaliação correta de oportunidades, muda se necessário, gera valor nos produtos ou serviços que oferece, faz um processo de digitalização para que possa avançar ainda mais e, por fim, escuta até mesmo o silêncio dos clientes para estar, a todo momento, fazendo *com* eles e não para eles. No fim das contas, esse é um movimento em que você está construindo o seu posicionamento, que está deixando uma marca no mundo a partir da sua carreira e está entregando excelência. Não existe mercado saturado, existe falta de posicionamento.

SHOWCASE: IMPOSSIBLE FOODS - INDO ALÉM DO ÓBVIO

A Impossible Foods, fundada por Patrick O. Brown, não é apenas uma empresa que produz carne à base de plantas, é uma visão revolucionária que combina tecnologia de ponta com um propósito maior: transformar o sistema alimentar global. Ao desenvolver alternativas à carne que replicam textura, sabor e nutrição, a Impossible Foods utiliza engenharia molecular e inovação científica para criar "carnes" em laboratório, digitalizando a comida e redefinindo a indústria alimentícia.

Essa transformação vai além da redução do consumo de carne animal e do impacto ambiental. Ela se alinha à Lei de Moore, que sugere que os avanços tecnológicos reduzem custos exponencialmente ao longo do tempo. À medida que a tecnologia de criação de carne em laboratório se torna mais acessível, os custos caem drasticamente. O que antes era um produto de nicho para consumidores conscientes pode, em breve, tornar-se uma solução econômica para milhões de pessoas em todo o mundo.

Imagine um futuro em que nutrientes essenciais, antes limitados pela logística e pelos custos de produção tradicional, sejam amplamente demo-cratizados e acessíveis. Essa acessibilidade tem o potencial de redefinir como nos alimentamos e combater problemas como a fome a níveis globais. Ao fornecer proteínas sustentáveis e de alta qualidade a um custo reduzido, a Impossible Foods demonstra que a desmonetização da tecnologia alimentar é um passo crucial para atingir novos patamares de nutrição global. O que começou como um produto premium, voltado para consumidores específicos, agora apresenta uma perspectiva muito mais ampla: governos e organizações globais estão enxergando essa tecnologia como uma ferramenta viável para enfrentar a fome e a insegurança alimentar.

Ao expandir a bolha de atuação, a Impossible Foods transcende a própria origem e pavimenta o caminho para soluções globais de combate à fome. Quando a tecnologia se alia a um propósito maior, ela deixa de ser apenas uma inovação e se torna uma força transformadora capaz de resolver os desafios fundamentais da humanidade.

Então, permita-me fazer a seguinte correlação, utilizando os 6 Ds para explicar a trajetória e impacto da Impossible Foods no mercado global:

Digitalização

A jornada da empresa começa com a *digitalização* da comida. Utilizando engenharia molecular e ciência avançada, a empresa criou em laboratório um alimento que imita textura, sabor e nutrientes da carne animal. Esse processo permite transformar um produto físico tradicional em algo replicável e escalável em ambientes controlados, redefinindo o conceito de produção alimentar.

Decepção

Embora a empresa tenha superado a fase inicial de *decepção*, desafios ainda surgem, especialmente ao introduzir novos produtos em mercados culturais e geograficamente complexos, como a tentativa de levar a "carne de porco" vegetal à China.[37] Isso mostra que, mesmo com tecnologia avançada, o processo de aceitação cultural e adaptação ao mercado continua sendo um obstáculo significativo.

Disrupção

Em 2018, a Impossible Foods já atingiu a *disrupção* ao ultrapassar mais de 2,7 mil toneladas anuais produzidas, impactando diretamente o setor alimentício. Essa abordagem está mudando hábitos de consumo e pressionando grandes indústrias a repensar modelos de produção, mostrando que a inovação pode transformar setores inteiros.[38]

---

[37] IMPOSSIBLE Foods aposta em carne de porco vegetal de olho na China. **Money Times**, 6 nov. 2019. Disponível em: https://www.moneytimes.com.br/impossible-aposta-em-carne-de-porco-vegetal-de-olho-na-china/. Acesso em: 10 jan. 2025.

[38] IMPOSSIBLE Foods já produz 226 toneladas de carne à base de vegetais por mês. **Época Negócios**, 14 ago. 2018. Disponível em: https://epocanegocios.globo.com/Empreendedorismo/noticia/2018/08/nenhum-animal-foi-maltratado-na-confeccao-deste-hamburguer.html?utm_source=chatgpt.com. Acesso em: 10 jan. 2025.

Desmaterialização

Com carne criada em laboratório, a Impossible Foods elimina a necessidade de vastas terras agrícolas para criação de gado, reduzindo significativamente a pegada ambiental da produção de alimentos. Imagine o impacto positivo de economizar milhões de hectares de terras e cortar processos ineficientes em toda a cadeia de produção animal. Essa desmaterialização não é apenas um avanço para o mercado, mas uma solução sustentável para o planeta.

Desmonetização

O que antes era um produto premium destinado a consumidores conscientes, hoje está em plena expansão. Produtos da Impossible Foods estão disponíveis em cerca de 45 mil pontos de venda nos Estados Unidos e mais de 30 mil lojas de varejo globais.[39] A empresa segue comprometida em reduzir os custos de produção para tornar os produtos acessíveis a diferentes perfis de consumidores, mostrando que a inovação pode beneficiar tanto o mercado quanto o consumidor final.[40]

Democratização

A democratização da Impossible Foods aponta para um futuro no qual alimentos sustentáveis e nutritivos possam ser acessíveis para todos, para quem pode pagar e para quem mais precisa. Imagine governos e organizações humanitárias utilizando essa tecnologia para combater a fome global. Embora isso ainda esteja em construção, é um horizonte viável, no qual a tecnologia alimentar se torna uma ferramenta poderosa para solucionar problemas sociais e econômicos.

---

[39] FAITHFUL, M. Impossible Foods reposiciona marca nos EUA, em busca dos "carnívoros plant based". **Forbes**, 13 ago. 2024. Disponível em: https://forbes.com.br/forbesagro/2024/08/impossible-foods-reposiciona-marca-nos-eua-em-busca-dos-carnivoros-plant-based/. Acesso em: 10 jan. 2025.

[40] IMPOSSIBLE Foods reduz preços de carnes veganas a distribuidores. **Forbes**, 3 mar. 2020. Disponível em: https://forbes.com.br/negocios/2020/03/impossible-foods-reduz-precos-de-carnes-veganas-a-distribuidores/. Acesso em: 10 jan. 2025.

ENTRE NA ZONA DESCONFORTO

Separe alguns minutos e responda às perguntas a seguir. Se sentir necessidade, anote as respostas em um caderno, tablet, bloco de notas ou outro espaço que preferir.

AUTOAVALIAÇÃO

- Em quais áreas você está utilizando estratégias para expandir a carreira ou os negócios?
- Está acessando os canais certos para alcançar os seus objetivos?
- Existem oportunidades que não está aproveitando por falta de mapeamento estratégico? Quais?

ESTRUTURA DE 6 Ds

Planeje a exploração de um novo canal de crescimento utilizando os 6 Ds como guia estratégico.

- **Escolha do Canal**

  Identifique um novo canal que você deseja explorar no próximo mês. Para este exemplo, consideraremos o LinkedIn como o canal escolhido, com o objetivo de aumentar a sua autoridade profissional e atrair novas oportunidades.

  Exemplo: "Escolhi o LinkedIn porque quero construir a minha autoridade profissional e atrair novos contatos estratégicos no meu setor".

- **Planejamento com os 6 Ds**

  Use as etapas dos 6 Ds como estrutura para o seu planejamento:

  ▷ **Digitalização**

  Pergunte-se: Como *posso transformar o meu conteúdo ou serviços para que sejam acessíveis e impactantes no LinkedIn?*

  Exemplo: "Vou publicar artigos curtos, criar carrosséis informativos e compartilhar insights relacionados à minha área de expertise".

ESTRATÉGIAS E MAPEAMENTO MULTICANAL   95

▷ **Decepção**

Avalie: Quais desafios ou resultados iniciais podem parecer desanimadores? Prepare-se para superá-los.

Exemplo: "Talvez meus primeiros posts não tenham muitas visualizações ou engajamento, mas usarei os dados para entender o que ressoa melhor com o público".

▷ **Disrupção**

Identifique: Como o LinkedIn pode transformar a forma como você ou os seus clientes interagem com o seu trabalho?

Exemplo: "A minha presença no LinkedIn pode me posicionar como referência na minha área, abrindo portas para convites de palestras, mentorias e parcerias".

▷ **Desmaterialização**

Reflita: O que pode ser eliminado ou simplificado ao adotar esse canal?

Exemplo: "Posso reduzir o envio de currículos ou apresentações ao usar o meu perfil e conteúdo no LinkedIn como um portfólio vivo".

▷ **Desmonetização**

Explore: Como os custos podem ser reduzidos ou como aproveitar recursos acessíveis para crescer no canal?

Exemplo: "O LinkedIn oferece ferramentas gratuitas como publicações, eventos ao vivo e interações que eliminam a necessidade de investimentos altos em marketing".

▷ **Democratização**

Imagine: De que forma este canal pode expandir o seu alcance para públicos que antes não eram acessíveis?

Exemplo: "A abrangência do LinkedIn permite que eu alcance profissionais em outros países e setores, ampliando a minha rede de maneira significativa."

◥ Defina metas mensuráveis

Crie pelo menos três metas para acompanhar o progresso ao longo do mês.

- ▷ Exemplo 1: "Publicar dois artigos por semana sobre temas relevantes ao meu público";
- ▷ Exemplo 2: "Aumentar o número de conexões em 15%";
- ▷ Exemplo 3: "Gerar pelo menos cinco interações diretas (mensagens ou comentários) de profissionais estratégicos".

◥ Execute e Reflita

Ao fim do mês, avalie os resultados. O que funcionou bem? O que pode ser ajustado para melhorar? Como você percebeu os 6 Ds atuando nesse processo?

6

PLANEJAMENTO BASEADO EM FRAQUEZAS E FORÇAS

onhecer a si mesmo, reconhecer as próprias fraquezas e forças é um investimento que, infelizmente, poucos fazem, e menor ainda é o número daqueles que sabem o verdadeiro valor e a importância do autoconhecimento no contexto pessoal e profissional. Aqui, refiro-me a absolutamente todas as áreas da vida, a todos os contextos de negócios e situações do dia a dia, como reuniões com colaboradores, fornecedores, parceiros e futuros clientes, na realização de tarefas e de objetivos que levam a próximos patamares profissionais.

Em 13 de setembro de 2018, Jeff Bezos participou do Economic Club of Washington e contou um pouco sobre a rotina dele e como organiza o tempo. Naquele ano, eu tinha visitado, por conta de uma imersão, a região do Vale do Silício, que é fortemente influenciada pela inovação vinda do ecossistema de startups. Estava cadastrado em diferentes newsletters em empresas do setor na região e, quando vi o anúncio do evento, me interessei, afinal, quem não quer saber mais sobre o dia a dia de um dos maiores empresários do mundo? Bezos é também investidor, filantropo, fundou e expandiu os negócios da Amazon, além de ter feito a aquisição do *The Washington Post* em 2013,[41] ter

---

[41] Jeff Bezos intensifica envolvimento com The Washington Post em meio a desafios financeiros. **Estadão**, 23 jul. 2023. Disponível em: https://www.estadao.com.br/economia/jeff-bezos-intensifica-envolvimento-the-washington-post-desafios-financeiros/. Acesso em: 7 dez. 2024.

criado a Blue Origin em 2000[42] e o Bezos Earth Fund em 2020,[43] um fundo de investimentos focado no combate às mudanças climáticas.

Quando olho para a carreira incrível que Bezos trilhou, as empresas que fundou e fez crescer e tudo o que faz, é impossível não me perguntar: *como será que é a vida dele? O que será que é importante para ele? Como será que ele pensa e como divide o tempo?* Foi com essa motivação que fui assistir à palestra na participação do Milestone Celebration Dinner, cujo conteúdo tomo a liberdade de trazer alguns pontos traduzidos:

> *Sobre dormir, costumo dormir oito horas por noite e priorizo isso. [...] Preciso dessas oito horas de sono para que eu possa pensar melhor, ter mais energia, ficar mais bem-humorado e muito mais. E pense sobre isso: como executivo sênior, pelo que você é realmente pago para fazer? Como um executivo sênior, você é pago por um número pequeno de decisões de alta qualidade. O seu trabalho não é tomar mil decisões todos os dias.*
>
> *Então, vamos dizer que eu durma seis horas por noite, ou até mesmo vamos além ao imaginar que durma quatro horas por noite. Isso significa que terei quatro horas produtivas a mais para fazer as minhas tarefas. Se eu tivesse, vamos imaginar, doze horas de tempo produtivo durante o dia, então agora, somando as doze horas com as quatro horas que ganhei ao não dormir, tenho dezesseis horas produtivas. Isso são 33% a mais de tempo para tomar decisões. Se eu fosse, portanto, tomar cem decisões, agora posso tomar 133. [...]*

[42] ANVERSA, L. Blue Origin vai superar Amazon em valor de mercado? Para Bezos, sim. **Exame**, 5 dez. 2024. Disponível em: https://exame.com/tecnologia/blue-origin-vai-superar-amazon-em-valor-de-mercado-para-bezos-sim. Acesso em: 7 dez. 2024.

[43] FILHO, I. B. Fundo de Bezos lança desafio de US$ 100 mi para uso de IA no clima. **Capital Reset**, 17 abr. 2024. Disponível em: https://capitalreset.uol.com.br/clima/fundo-de-bezos-lanca-desafio-de-us-100-mi-para-uso-de-ia-no-clima/. Acesso em: 7 dez. 2024.

Vamos imaginar então que faça 133 decisões por dia. Isso vale a pena? Se a qualidade das decisões pode ser menor, até porque você está cansado, mal-humorado ou qualquer outra coisa, vale a pena? [...] Na Amazon, todos os executivos sêniores operam da mesma maneira que eu: trabalham olhando o futuro, vivem no futuro. Neste exato momento, estou trabalhando em resultados que serão produzidos em 2021,[44] e isso é o que você deveria fazer. Estar dois ou três anos adiantado. Então por que eu preciso tomar cem decisões por dia? Se tomar três decisões por dia, isso é o suficiente.[45]

Quando o ouvi, muitas reflexões surgiram, mas a principal foi: *esse é um profissional que conhece muito bem a si mesmo. Sabe como funciona, sabe o que é melhor para si na vida e para os negócios.*

Em outra entrevista, agora feita para as revistas *Vogue* e *People*, ele contou que marca a primeira reunião sempre às 10 horas da manhã para que as decisões tomadas sejam feitas com a máxima performance: "Qualquer coisa que seja realmente um desafio mental deve ser discutida em uma reunião às 10h".[46] E completou: "Às 17h, eu pensava: 'Não consigo pensar nisso hoje. Vamos tentar de novo amanhã às 10h'".[47]

[44] A entrevista aconteceu em 2018, por isso comenta sobre tomar decisões que impactarão 2021. (N. A.)

[45] JEFF Bezos At The Economic Club Of Washington (9/13/18). 2018. Vídeo (1h09min57s). Publicado pelo canal CNBC. Disponível em: https://www.youtube.com/watch?v=xv_vkA0jsyo&t=2526s. Acesso em: 10 dez. 2024.

[46] COMO é a rotina de início de dia dos CEOs mais importantes do mundo?. **O Globo**, 5 dez. 2024. Disponível em: https://oglobo.globo.com/mundo/epoca/noticia/2024/12/05/como-e-a-rotina-de-inicio-de-dia-dos-ceos-mais-importantes-do-mundo.ghtml. Acesso em: 9 dez. 2024.

[47] CAIN, A.; ALTCHEK, A. A Day in the Life of Jeff Bezos, the Second Richest Person in the World. **Business Insider**, 11 set. 2024. Disponível em: https://africa.businessinsider.com/careers/a-day-in-the-life-of-jeff-bezos-the-second-richest-person-in-the-world/75kj58b. Acesso em: 7 mar. 2025.

Entre outros pontos, acredito muito nesse poder de tomar poucas decisões que geram grande impacto. Dentro da sua jornada profissional, **é exatamente nesse tipo de estratégia que você precisa focar: poucas decisões que geram grandes impactos**. Depois, se o objetivo é olhar o desconforto e transformar isso em combustível para crescimento, ter essa clareza e *conhecer a si mesmo* é fundamental. Bezos sabe que às 17h terá uma performance pior para as decisões importantes. Essa é uma das *forças* dele e, por ter a clareza disso, ele a usa da melhor maneira possível: maximizando os resultados.

E você, se conhece a ponto de saber quais são as suas forças? Sabe quais são as decisões importantes que precisa tomar para construir a jornada profissional que deseja? Indo além: muito mais do que reconhecer as próprias *forças*, é preciso também saber quais são as *fraquezas*. Precisamos começar a refletir sobre isso.

Aproveitando o ensejo de ter abordado o assunto a partir da jornada de Bezos, Steve Anderson e Karen Anderson exploram o pensamento estratégico dele no livro *As cartas de Bezos*, cuja análise é feita a partir de cartas enviadas por Bezos aos acionistas da Amazon entre 1997 e 2018. É um livro de que gosto muito e para o qual acabo voltando diversas vezes para procurar citações, rever trechos, montar as minhas aulas e até gerenciar a minha empresa.

Assim, entre os maiores aprendizados, os princípios revelados (testar, construir, acelerar e escalar) mostram a essência da Amazon e mostra como ela se transformou uma das empresas mais bem-sucedidas do mundo, *encorajando a falha*, aprendendo a ser corajoso, fazendo uma jornada que foca a obsessão pelo cliente, pensa no longo prazo e muito mais. Repare no destaque que dei a um dos princípios: encorajar a falha.

Bezos fala, nas cartas e abertamente, que falhar é essencial para a inovação e o crescimento. Para ele, experimentar com coragem – e possivelmente falhar – é algo que pode levar a descobertas incríveis.

> *Jeff Bezos percebeu desde muito cedo que, se não assumisse riscos, investisse em riscos e criasse intencionalmente oportunidades para "fracassar", não conseguiria crescer nem pensar grande o bastante.*

Infelizmente, a maioria das pessoas (e das empresas) encara o fracasso como algo a ser evitado a qualquer custo. No entanto, você nunca será capaz de crescer como a Amazon se não estiver disposto a correr o risco de fracassar.

Ora, se o fracasso nem sempre é algo negativo, o que o torna "bem-sucedido"?

De forma resumida, um fracasso bem-sucedido é aquele em que você aprende com ele e aplica o que aprendeu – e isso faz toda a diferença.[48]

Incentivar o fracasso bem-sucedido é o grande ponto. Trazendo ao nosso contexto de crescimento da vida profissional, acredito que o fracasso bem-sucedido se conecta perfeitamente com as nossas fraquezas, porque é onde erramos, o que não fazemos tão bem e precisamos aprender com o que acontece para que possamos evoluir.

Eu mesmo detesto falhar, acredito que ninguém goste, mas quando coloco o foco no propósito de onde aquela falha me levará, aceito passar por ela com resiliência e até com alegria. Assim também funciona em uma empresa: podemos chamar de permissividade gerenciada. **Permitir que uma equipe falhe é diferente de aceitar erros indiscriminadamente**. Trata-se de observar a equipe errar e, então, ver como ela se autogerencia para aprender e evoluir. Muitos apenas falham e delegam os problemas que surgem. Isso é péssimo, mas aqueles que falham, erram e, por conta própria, buscam soluções e avançam são os que praticam o verdadeiro fracasso bem-sucedido.

Muitas vezes, é no *discernimento de conhecer a si mesmo*, conhecer os próprios pontos fortes e fracos, habilidades e dificuldades, que mora a *maior chance* de captação de oportunidades. Falhar é visto por muitos com olhos negativos. Os pontos fracos são vistos por muitos como fraquezas. Porém, ter fraquezas não é sinônimo de ser ruim. Ter fraquezas é sinônimo de ser humano, igual a todas as outras pessoas, e saber as próprias fraquezas – ou pontos fracos – é sinônimo de autoconhecimento que permite que você conheça os pontos fortes e, assim, performe melhor.

---

[48] ANDERSON, S.; ANDERSON, K. **As cartas de Bezos**: 14 princípios para crescer como a Amazon. Rio de Janeiro: Sextante, 2024.

A habilidade pode levar você ao topo, mas é o caráter, moldado pelo autoconhecimento e pela aceitação das suas fraquezas, que o mantém lá. Isso está conectado diretamente à ideia de que reconhecer e trabalhar as próprias fraquezas é tão importante quanto utilizar as forças.

Costumo brincar e falar que olhar os pontos fortes e fracos é imaginar uma criança que joga futebol. Toda criança, ao jogar, quer fazer gol. Porém, chega um momento, com a maturidade da vida e do esporte, em que ela percebe que talvez o ataque não seja a melhor posição. Para alguns, a melhor posição é lateral ou zagueiro. Isso significa que será um jogador ruim? Não! Talvez só não tenha a expertise e habilidade para fazer gols, porém jogará muito bem em outras posições e fará toda a diferença no resultado do time.

Então essa é a análise que precisa ser feita: não veja as *fraquezas* como ruins e conheça a si mesmo – da mesma forma que Jeff Bezos se conhece –, assim você saberá exatamente em quais *forças* deve colocar mais energia para tomar as melhores decisões nos próximos passos que dará.

FORÇAS E FRAQUEZAS

É um conceito simples, mas não custa nada reforçar: *forças* e *fraquezas* são características individuais que podem representar nossas maiores habilidades, qualidades e competências ou então nossas dificuldades, pontos fracos e até mesmo pontos específicos que limitam nosso desempenho e crescimento.

Forças podem ser inerentes ao nosso perfil, ou seja, ser facilidades que carregamos desde cedo ou então talentos adquiridos a partir do investimento em conhecimento e até mesmo da experiência ganhada ao longo dos anos. E fraquezas também podem ser mais específicas, como a dificuldade em lidar com uma ferramenta específica, ou estar relacionada a aspectos comportamentais, como a dificuldade de receber feedback ou de administrar conflitos.

Quando falamos de forças, inclusive, não podemos deixar de considerar as *soft skills* e as *hard skills*, em que o primeiro conceito se refere às *habilidades comportamentais*, como comunicação, inteligência emocional, trabalho em equipe, gestão de tempo e resolução de problemas, e o último conceito se refere às *habilidades técnicas*, específicas e mensuráveis, como proficiência em inglês, domínio de ferramentas de inteligência artificial, sistemas, softwares, plataformas de desenho industrial e muitas outras possibilidades.

Soft skills e *hard skills*, portanto, entram também na categoria de forças e fraquezas porque representam pontos em que temos facilidade ou dificuldade, e conhecer essas características e no que é melhor – ou pior – é fundamental para avançar e construir os resultados profissionais que deseja.

Depois, ao avaliarmos forças e fraquezas, precisamos entender também a aprendizagem e com o que temos mais facilidade: com o aprendizado prático ou o aprendizado teórico? Aprendizado prático acontece quando o modo de absorver o conhecimento está relacionado à experiência *direta* e *prática*, com a aplicação e a experimentação. Ou seja, quem tem facilidade com esse tipo de aprendizado gosta de colocar a mão na massa para aprender, busca cenários reais, é bom em encontrar soluções rápidas, improvisar, flexibilizar e adaptar quando necessário. Coloco-me nessa categoria!

Já o aprendizado teórico conecta-se com aqueles que absorvem conhecimento lendo, estudando conceitos, teorias e informações antes mesmo de aplicar qualquer coisa na prática. São aqueles que pesquisam muito, planejam muito e acabam tendo facilidade com o planejamento estratégico ou até mesmo pontos mais abstratos, que não envolvem tanto a mão na massa.

UM NOVO OLHAR PARA FORÇAS E FRAQUEZAS

No meu caso, sempre fui um autodidata e preciso de muito pouco estímulo para ter grandes ideias e soluções. Sou criativo, me vejo como alguém que tem uma mente expandida, faço conexões rápidas para tomada de decisão e, em poucos segundos, consigo separar a decisão que precisa ser tomada em pontos positivos e negativos, fazendo uma lista que vai me ajudar a decidir com maiores chances de acerto.

Além disso, sou bom em execução, em gerar movimento, fazer grandes projetos acontecerem. Essas são algumas das minhas forças. No entanto, as minhas fraquezas revelam o outro lado da moeda. A rotina das tarefas, especialmente as demandas da área financeira e administrativa, são como pequenos ladrões de energia que me tiram o sono. Sempre precisei de alguém que dominasse essas áreas no operacional, dando-me suporte enquanto me concentro apenas nas tomadas de decisões. Não tem como fugir disso.

Outro exemplo claro das minhas forças e fraquezas é o contraste entre a minha pontualidade e a minha dificuldade com disciplina. Sou extremamente pontual, mas nem sempre consigo seguir uma rotina rígida. As urgências do dia acabam me arrastando, a minha atenção se perde em alguns momentos e, confesso, tenho dificuldade em passar muitas horas focado em um único assunto ou ambiente. É por isso que me sinto mais vivo em situações dinâmicas, que oferecem liberdade para experimentar, criar e solucionar problemas. Essa é a minha zona de conforto e desconforto ao mesmo tempo.

A pergunta que fica, então, é: como lidar com as fraquezas? Valorizando os meus pontos fortes, contratando profissionais muito competentes que podem me ajudar com os pontos em que não sou bom, participando de grupos de mentorias para gerar novas conexões, aprender mais e poder ajudar outras pessoas com o que eu sei e por aí vai. Lidar com as fraquezas é simplesmente aceitar que não somos perfeitos e que nesses pontos específicos precisaremos de ajuda ou de novos conhecimentos para que não deixemos isso atrapalhar a construção dos objetivos que temos. E veja só o que nos parece: isso é aceitar o desconforto e progredir com ele.

Embora devamos saber quais são os nossos pontos fortes, isso não significa que precisamos desempenhá-los para sempre. Vamos imaginar um médico que descobre que é muito bom em atendimento. Ele precisará permanecer no atendimento para sempre? É claro que não. Eu mesmo precisei entender que meus pontos fortes precisariam ser terceirizados para que eu pudesse desempenhar novas forças e, com elas, poder crescer.

Considere um arquiteto talentoso que se destaca pela criatividade em projetos inovadores, mas que sente dificuldade em gerenciar os prazos de entrega e organizar as demandas dos clientes. Ao reconhecer essa fraqueza, ele pode adotar ferramentas de gestão de projetos, como o Trello ou Asana, ou contratar um assistente para organizar o fluxo de trabalho. Enquanto isso, a habilidade criativa pode ser explorada ao máximo por meio de apresentações impressionantes em reuniões comerciais ou nas redes sociais, em que compartilha ideias de design, deixando literalmente o lado artístico que tem como força falar mais alto. Dessa forma, esse arquiteto transforma a fraqueza em uma questão administrável e a força em um diferencial competitivo que atrai mais clientes e oportunidades.

Outro exemplo. Um fotógrafo freelance está no auge da temporada de casamentos e percebe que está se aproximando do limite da capacidade. O ponto de equilíbrio, nesse caso, é aceitar mais clientes apenas se for possível delegar parte do trabalho, como a edição de fotos, a um assistente confiável. Assim, ele mantém o foco naquilo que faz de melhor, que é capturar imagens memoráveis, sem comprometer a saúde mental ou a qualidade do serviço. **Identificar esse limite é como calibrar a tensão de uma corda: esticada o suficiente para gerar resultados, mas sem exceder o ponto que ela pode romper.**

Sempre fui muito bom em fazer a parte operacional do serviço digital, como criar anúncios no Google, Facebook e LinkedIn, porém percebi, a certa altura, que terceirizar era muito melhor porque eu tinha outros pontos fortes que poderiam ser mais bem-aproveitados para crescer profissionalmente. Então passei a apenas supervisionar. Passei a buscar – e encontrar – o equilíbrio ideal do princípio de Pareto, que vale a análise aqui para que você também possa utilizar.

O princípio de Pareto foi desenvolvido pelo economista italiano Vilfredo Pareto, em 1896. Imagine a seguinte cena: no século XIX, Pareto estava observando as terras italianas. Ao fazer isso, percebeu que 80% das terras que ali existiam pertenciam a apenas 20% da população. Ficou com aquilo na cabeça, chegou em casa, sentou-se em um dos bancos do jardim e começou a observar o pomar. Um fato curioso surgiu: 20% de todas as suas plantas eram responsáveis por produzir 80% dos frutos que colhia.[49]

Foi assim que nasceu o princípio de Pareto e a regra dos 80/20. Tirando o efeito dramático do *storytelling* que criei para contar os fatos da história, Pareto foi muito importante para que pudéssemos fazer uma análise que nos daria a oportunidade de levar para os mais variados contextos. Exemplo: 20% dos clientes de uma empresa podem representar 80% dos lucros; 80% das consultas de um médico podem representar apenas

---

[49] LAOYAN, S. Entendendo o princípio de Pareto (a regra 80/20). **Asana**, 5 mar. 2024. Disponível em: https://asana.com/pt/resources/pareto-principle-80-20-rule. Acesso em: 10 dez. 2024.

20% dos resultados; 20% das tarefas e decisões que você toma podem representar 80% dos seus resultados e avanços em direção ao que deseja.

Então, quando citei o equilíbrio do princípio de Pareto, não foi para incentivar que você pegue os 20% que trazem mais resultados e foque apenas isso, mas também que use isso a seu favor na construção dos próximos passos profissionais que deseja. Avalie quais são as tomadas de decisão de 20% que estão trazendo os 80% de resultados e monte o equilíbrio do seu trabalho a partir disso.

Avalie também o que é motivação para avançar e o que é apenas ambição que não levará a nada. Onde você coloca o seu foco, os seus resultados expandem. Faça isso separando os seus pontos fortes e as suas fraquezas, internalizando que ter fraquezas é um processo natural e você precisa apenas encontrar os caminhos necessários para lidar com isso e fazer com que elas não atrapalhem o seu avanço. **As suas forças abrem portas, mas é ao enfrentar as suas fraquezas que você descobre como atravessá-las.**

Um fato sobre esse processo: ele é desconfortável. Mas isso você já sabe. Aproveitando a oportunidade de ter trazido o Jeff Bezos para este capítulo, fecharei com uma citação dele que conecta a tudo o que falamos e ao que você precisa buscar para o crescimento profissional que deseja.

> *O que realmente importa é que empresas que não continuam experimentando, que não abraçam o fracasso, podem acabar numa posição desfavorável, quando a única saída é uma aposta desesperada no finzinho de sua existência corporativa. Enquanto isso, as que se sobressaem são as empresas que fazem apostas desde o começo, até mesmo apostas grandes, mas não daquelas que põem em jogo a própria empresa. Não acredito nesse tipo de aposta. Isso só acontece no desespero. É a última coisa a se fazer.[50]*

[50] ANDERSON, S; ANDERSON, K. **As cartas de Bezos**: 14 princípios para crescer como a Amazon. Rio de Janeiro: Sextante, 2020.

SHOWCASE: WALT DISNEY - PLANEJANDO O SUCESSO COM BASE EM FORÇAS E FRAQUEZAS

O norte-americano Walt Disney (1901-1966) foi uma das figuras mais icônicas da história do entretenimento, conhecido pela visão criativa e pelo legado cultural que continua a inspirar milhões. Porém, o caminho para o sucesso foi construído tanto com base nas forças quanto na gestão estratégica das fraquezas dele.

Nos primeiros anos de carreira, Walt enfrentou uma série de desafios. A primeira empresa dele, Laugh-O-Gram Studios, faliu devido à má gestão financeira e administrativa.[51] Walt era um criador visionário, mas não tinha as habilidades para administrar os detalhes operacionais de um negócio. Esse fracasso poderia ter marcado o fim da jornada, mas ele usou essa experiência como uma oportunidade para se reavaliar. Reconhecendo que não poderia fazer tudo sozinho, trouxe o irmão, Roy Disney, que tinha aptidão para finanças e gestão, para equilibrar essas limitações. Roy se tornou a base estratégica por trás do império Disney, enquanto Walt se concentrou na verdadeira força que tinha: a criatividade.

Esse planejamento baseado em forças e fraquezas também foi fundamental em momentos decisivos, como o desenvolvimento de *Branca de Neve e os Sete Anões*, o primeiro longa-metragem animado da história. Muitos no setor consideraram o projeto uma loucura, apelidando-o de "A Loucura de Disney" devido ao alto custo e às dificuldades técnicas envolvidas.[52] Mas Walt acreditava na própria visão e, ao mesmo tempo, sabia que precisaria de uma equipe altamente qualificada para preencher as lacunas técnicas e criativas. Ele reuniu especialistas em animação, som e iluminação, dedicando tempo

---

[51] LAUGH-O-Gram Studio. **Disney Fandom**. Disponível em: https://disney.fandom.com/wiki/Laugh-O-Gram_Studio. Acesso em: 10 jan. 2024.

[52] COMO Walt Disney criou a Branca de Neve no meio da loucura nos bastidores. **Observador**, 23 set. 2015 Disponível em: https://observador.pt/2015/09/23/walt-disney-criou-branca-neve-no-meio-da-loucura-nos-bastidores/. Acesso em: 10 jan. 2025.

para treinar e inspirar a equipe. O resultado foi o sucesso estrondoso que redefiniu o futuro da animação.

Outro aspecto essencial dessa abordagem foi a capacidade de transformar desafios em oportunidades. Durante a Grande Depressão, enquanto muitas empresas cortavam custos e evitavam riscos, Walt continuou a investir em inovação. Ele acreditava que, mesmo em tempos difíceis, as pessoas buscavam momentos de alegria e escapismo. Esse planejamento estratégico, alinhado com uma visão clara de propósito, ajudou a empresa a prosperar em meio às adversidades.

É uma história inspiradora, mas não só isso. Ela ensina que **planejamento eficaz começa com autoconhecimento**. Ele reconheceu as fraquezas e criou um sistema de suporte – com pessoas, processos e recursos – para compensá-las. Ao mesmo tempo, concentrou-se em maximizar as próprias forças, dedicando energia às áreas em que poderia gerar maior impacto.

No fim, Walt Disney construiu um império, assim como mostrou que o verdadeiro sucesso surge quando abraçamos as vulnerabilidades e trabalhamos em equipe para alcançar objetivos maiores. Da mesma forma, um profissional liberal pode usar esse método para crescer de modo sustentável, aproveitando ao máximo as fortalezas e equilibrando as fraquezas.

ENTRE NA ZONA DESCONFORTO

Separe alguns minutos e responda às perguntas a seguir. Se sentir necessidade, anote as respostas em um caderno, tablet, bloco de notas ou outro espaço que preferir.

AUTOAVALIAÇÃO

- Quais são as suas maiores forças no trabalho?
- Quais são as suas fraquezas? Como elas têm afetado o seu progresso?
- Como pode usar as forças para compensar as fraquezas?
- Existe alguma fraqueza que pode transformar em oportunidade de crescimento?
- Quem na sua rede pode ajudá-lo a maximizar as suas forças?

AUTOAVALIAÇÃO DE FORÇAS E FRAQUEZAS

Considerando o quadro a seguir, analise as suas forças e fraquezas a partir de aspectos práticos. Dê uma nota de 1 a 5 em que 1 representa pouca proficiência na área e 5 representa muita proficiência. Depois, preencha o restante dos campos com outros pontos que achar pertinentes, também pontuando.

Aspecto	Força (1-5)	Fraqueza (1-5)
Habilidades técnicas		
Comunicação		
Liderança		
Gestão de tempo		

PRÁTICA

Agora, escolha uma fraqueza identificada e crie um plano de ação para melhorá-la. Estabeleça metas mensuráveis para os próximos trinta dias.

7
EXECUÇÃO E REVISÃO

omeçar bem é tão importante que pode definir o rumo de todos os próximos passos. Ontem, quando decidi que começaria a escrever este capítulo, não estava no meu melhor dia. Escrevi algumas palavras, comecei a colocar as ideias no papel, mas o trabalho não estava fluindo muito bem. Escrevi, apaguei, escrevi e apaguei. Procurei novas ideias, busquei referências, organizei o que gostaria de trazer a você, mas, ainda assim, quando comecei a executar, vi que não estava bom.

Parei o que estava fazendo, respirei, desliguei o computador e decidi que aquele não era um bom dia para começar. De que adiantava insistir se não estava dando certo nem saindo da maneira que eu gostaria? Tenho uma responsabilidade com a editora, tenho prazos a cumprir, mas decidi parar porque sei da importância dos começos para a execução e revisão de um plano.

Existe, no senso comum, a ideia de que o início de algo é muito importante e pode definir todo o restante do que acontecerá: o início da escrita de um capítulo é importante; o início da execução de uma tarefa é importante; durante uma palestra, o momento mais importante para retenção de audiência é o início dela; até mesmo o início de um jogo de futebol é importante. Nesse último caso, os primeiros minutos são decisivos e cruciais! Se o time entra em campo e toma o primeiro gol logo nos primeiros minutos, toda a equipe se desestabiliza. Começar bem é, portanto, fundamental para que a execução funcione.

Na vida profissional, dentro dos objetivos e do que você descobriu até aqui, a mesma ideia é válida. Se começar sem foco ou negligenciar os detalhes iniciais, o resultado pode gerar desgaste e não funcionar exatamente como você imaginava. Talvez, quando perceber, esse timing do início que foi mal planejado pode custar até mesmo a viabilidade do seu planejamento.

Bill Gross, no TED chamado The Single Biggest Reason Why Start-ups Succeed [em tradução livre, A maior razão pela qual as startups têm sucesso], fala justamente sobre esse timing do início,[53] e as conclusões dele funcionam muito bem para quem busca o desenvolvimento profissional, como autônomos, liberais e demais interessados nessa jornada.

Bill fundou dezenas de empresas ao longo da vida, começando aos 12 anos, quando vendia doces no ponto de ônibus e evoluindo para negócios como o Idealab, que é uma incubadora de novas invenções, ideias e negócios; e tem na conta mais de cem empresas fundadas. Nesse TED, ele compartilha as descobertas do que mais importa para o sucesso de empresas e quais fatores são fundamentais nesse processo que transforma novas ideias em negócios bem-sucedidos.

Na busca por respostas, Bill tentou ser o mais sistemático possível para que evitasse algumas das respostas que poderiam seguir em direção ao que ele considera instintos naturais (óbvias demais!) e queria evitar até mesmo percepções erradas que tinha depois de observar tantas empresas terem sucesso e falharem ao longo dos anos. Então, partiu do princípio dos fatores que representavam mais sucesso ou mais fracasso nas empresas: ideia, time, modelo de negócios, financiamento e timing, no sentido de avaliar se o tempo de início do negócio era importante para o sucesso obtido.

Em um primeiro momento, Bill achava que o fator "ideia" era o principal para que as empresas fossem bem-sucedidas, afinal, sem uma boa ideia nenhuma empresa vai para frente. Olhou cuidadosamente para as cinco premissas que havia separado em todas as empresas que haviam passado pelas mãos dele e para outras empresas do mercado que fizeram sucesso, como Airbnb, Instagram, YouTube, Uber, LinkedIn, e algumas que falharam, como Webvan, Kozmo.com, Pets.com, Flooz e Friendster, e o resultado foi que timing era o

---

[53] THE Single Biggest Reason Why Start-ups Succeed. **TED2015**, mar. 2015. Disponível em: https://www.ted.com/talks/bill_gross_the_single_biggest_reason_why_start_ups_succeed?. Acesso em: 12 dez. 2024.

fator mais importante no que tange dar ou não certo, chegando a incríveis 42%. Na mesma apresentação, Bill explica:

> *Eu diria que a execução definitivamente importa, assim como a ideia, mas o momento certo [o timing!] pode importar ainda mais. E a melhor maneira de acessar o timing é entender se os consumidores estão prontos para o que você tem para oferecer a eles.*

Essa reflexão, no contexto da *execução e revisão*, nos traz algo fundamental: a importância do timing para que o seu planejamento aconteça e traga os frutos que você espera.

É importante começar bem, animado, ter feito o planejamento correto e aplicar isso dentro do melhor timing para que faça sentido. É importante também saber se os seus consumidores e clientes estão prontos para o que você tem a oferecer. Portanto, comece bem, avalie o momento certo de implementar o que planejou e use esse fator fundamental a seu favor. Assim, você terá ainda mais chances de ser bem-sucedido nos pontos que pretende esticar e desenvolver.

EXECUÇÃO E REVISÃO: PONTOS INDISPENSÁVEIS

Em determinado momento da minha trajetória profissional, me perguntei o que separava quem executava e alcançava resultados profissionais de quem acabava ficando no caminho e deixando de lado o próprio planejamento de crescimento. A resposta que encontrei foi: não era sorte, tampouco mágica ou receita de bolo, eram práticas concretas, que envolviam características e ferramentas que ajudavam a avançar. É isso que vou explicar a partir de agora, para que a sua execução e revisão façam sentido.

DISCIPLINA

Apesar de ser uma softskill, disciplina é um aspecto inegociável para o desenvolvimento. Sem ela, não existe solidez que suporte as intempéries do avanço. Esse é um dos aspectos que eu procuro aperfeiçoar todos os dias, uma vez que sei que é uma fraqueza minha.

Se você tem um consultório médico, por exemplo, e deseja expandir para uma nova unidade, é com disciplina que vai traçar o plano prático para tirar essa ideia do papel. Se é nutricionista e pretende fazer uma especialização para poder oferecer novos serviços, é com disciplina que não desistirá no meio do caminho. Se é autônomo, trabalha em um segmento específico e encontrou a oportunidade de aumentar as suas vendas ou até mesmo digitalizar, precisará de disciplina para fazer acontecer.

A disciplina está em tudo, e tê-la não é apenas executar tarefas, é ter compromisso com os seus objetivos, mesmo naqueles dias em que não há motivação, em que o desconforto pode parecer estar maior do que o que pode ser suportado. Com disciplina, é possível ter estrutura, desejos e transformar ideiais em ação e execução, é conseguir ter força o suficiente para falar não às propostas e situações que fogem daquilo que você quer construir.

ROTINA

Com disciplina, a rotina fica mais fácil. Ela vai eliminar as indecisões e distrações do meio do caminho, reduzir desperdícios de tempo e recursos e criar um fluxo que privilegia a produtividade. Rotinas eficientes, principalmente para profissionais que querem usar o desconforto como mola propulsora de progresso, farão que você tenha um sistema que definirá prioridades.

Aqui, você pode usar algumas perguntas como base: "Quais são as primeiras tarefas que preciso realizar?" e "Como posso distribuir o meu tempo adequadamente para caminhar em direção aos meus objetivos profissionais?". Afinal, rotinas têm como objetivo criar previsibilidade, fornecer um padrão estruturado e permitir que você faça o acompanhamento do progresso.

RESILIÊNCIA

Resultados maiores dificilmente envolvem um caminho linear. Considerando que a jornada de construção de novos resultados na vida profissional pode ter altos e baixos, para a execução e revisão do planejamento, é fundamental ter resiliência. Essa característica não é desejável apenas na parte profissional, mas também em todas as áreas da vida, sendo, aqui, de extrema importância para abraçar o desconforto. **Com resiliência, o desconforto não incomodará; ele será visto como parte do processo.**

A minha sugestão é que você olhe para o processo com resiliência: reconheça o cansaço, saiba que algumas coisas podem dar errado, e isso faz parte da jornada, e que, em alguns momentos, a determinação precisará imperar. Tente sempre ver as situações difíceis como oportunidades para reinventar o que você planejou. Aprimore estratégias, dê passos para trás, se necessário, e volte com ainda mais força para dar os passos adiante.

GESTÃO DE AGENDA, TEMPO E RECURSOS

Em primeiro lugar, gestão de agenda. Cuidar da própria agenda não diz respeito apenas a organizar as reuniões que vão acontecer e os respectivos horários, mas também a priorizar o que é importante, saber falar não ao que não for indispensável e colocar em prática o que precisa ser feito para crescer.

No quesito gestão de tempo, quero que você pense em como organizar os seus compromissos de modo inteligente dentro das horas do seu dia, delegando quando for preciso e buscando sempre o ápice da produtividade e da performance. Com gestão de tempo, é possível reduzir o estresse e viver esse processo com maior leveza.

Por fim, na gestão de recursos refiro-me ao modo como você tem alocado dinheiro, equipamentos e pessoas. Pensando em execução e revisão, não há como não avaliar isso. Faça uma verificação dos recursos e de como estão alocados, depois monte um plano de mudança. Defina prioridades, identifique o que é preciso fazer e siga em frente.

METODOLOGIAS ÁGEIS

As metodologias ágeis desempenham um papel central no processo de execução e revisão, sendo ferramentas valiosas para tornar os processos mais flexíveis, colaborativos e eficientes. Elas possibilitam priorizar entregas de alto valor, melhorar a comunicação entre equipes e garantir que ajustes sejam feitos rapidamente, minimizando desperdícios e maximizando resultados. Entre as metodologias mais conhecidas estão Scrum, Kanban e Lean, cada uma com características únicas que podem ser adaptadas a diferentes contextos de negócios e projetos.

Para maximizar os benefícios, sugiro explorar essas e outras metodologias, avaliando qual se encaixa melhor na sua realidade e nos objetivos que você deseja alcançar. No caso de profissionais liberais, essas abordagens podem ser ajustadas para otimizar o tempo e a organização do dia a dia. Por exemplo:

- O Scrum pode ser utilizado para planejar metas semanais, dividindo objetivos em "sprints" curtos de uma ou duas semanas, facilitando a execução em etapas gerenciáveis e o acompanhamento dos resultados.
- O Kanban é ideal para organizar fluxos de trabalho diários, utilizando ferramentas visuais, como quadros físicos ou digitais, que categorizam tarefas em "A fazer", "Em progresso" e "Concluído".

Essas metodologias ajudam a priorizar o que é mais importante, permitindo o acompanhamento do progresso em tempo real e a aplicação de ajustes rápidos sempre que necessário. Isso, por sua vez, promove produtividade e clareza, tanto no planejamento quanto na execução.

Nenhum plano, por melhor que seja, é imune a falhas ou imprevistos. Por isso, o monitoramento contínuo e os ajustes estratégicos são indispensáveis para transformar ideias em resultados concretos. O ato de monitorar garante que cada ação esteja alinhada aos objetivos previamente traçados. Ferramentas como OKRs (Objectives and Key Results) e métodos como Scrum ajudam a estabelecer métricas claras, revisar progressos e criar ciclos de feedback que impulsionam melhorias constantes.

Monitorar e ajustar é uma etapa operacional, um exercício de flexibilidade e visão estratégica. É a prática que permite que qualquer plano seja adaptável às mudanças, mantendo a firmeza necessária para alcançar os resultados desejados. Afinal, o sucesso não está apenas em seguir um plano à risca, mas também em ter a sabedoria de ajustá-lo conforme o contexto e os aprendizados do caminho.

CAPACIDADE DE ADAPTAÇÃO

Sempre que sentir necessidade, faça a adaptações no plano. Essa prática de monitoramento e ajuste preserva o dinamismo de um plano e fortalece a capacidade de inovação de quem o executa. É uma habilidade muito importante para qualquer profissional, porém ainda – infelizmente – pouco desenvolvida.

Quando encaramos o progresso como um caminho que exige constante recalibração, nos tornamos mais resilientes e preparados para lidar com os imprevistos que inevitavelmente surgem. Pense nisto: **a adaptabilidade é uma reação às mudanças, assim como uma habilidade estratégica de se antecipar a elas**, transformar desafios em oportunidades e evoluir continuamente.

Então, o que diferencia os profissionais e projetos bem-sucedidos é a habilidade de equilibrar consistência com flexibilidade, dar o passo inicial e sair da inércia, ponto que Paulo Muzy trouxe em uma conversa que tivemos sobre o tema deste capítulo:

> *Com consistência, o segredo é existir algo que você faça para que o ato de não fazer não seja pesaroso. Então, mesmo que consiga fazer "pouco", estará seguindo a pedagogia da realização, que nada mais é do que seguir adiante, sair da inércia e não se limitar ao ato de não fazer. Depois, para o monitoramento e revisão, acredito que são importantes dois princípios básicos que guiam esse processo: organização e compromisso. Um profissional precisa ser organizado para cumprir o que é solicitado, e precisa também ter compromisso com o que é feito para entregar o melhor. Momentos de alta demanda sempre existirão, o importante é usar a motivação para adaptar quando necessário e buscar o crescimento.*

A adaptação faz parte também de ser capaz de revisar metas, alterar processos e incorporar feedbacks sem perder de vista o objetivo final. Essas são qualidades essenciais para qualquer carreira ou negócio, o que nos conduz ao próximo ponto: como se adaptar e ajustar os planos sem perder o propósito.

REVISÃO E MONITORAMENTO

Há alguns anos, fui convidado para montar um projeto de negócio em uma área nobre de Brasília, a cidade em que moro. Estava muito animado, porém, quando cheguei ao local, vi que existia nas proximidades outra área inexplorada que era maravilhosa para criar algo diferente. Lembro-me de que, quando pisei no terreno, fiquei fascinado. Aquele espaço disponível aguçou a minha criatividade, inspirou inúmeras ideias, e decidi montar um projeto novo, completamente diferente do que já havia planejado.

A partir daí, tudo foi muito organizado: fiz a primeira apresentação do esboço, que foi aprovado, depois fiz o desenvolvimento do projeto em detalhes, com referências, nova pesquisa, novas camadas e muito mais. Quando aquela ideia já estava com mais "corpo", contratei uma empresa para estudar a viabilidade de retorno financeiro do que havia desenvolvido. Não tinha como dar errado, estava tudo incrível.

Mas nem sempre a execução e revisão de novas ideias acontecem bem assim: entre idas e vindas, quando recebi a devolutiva da empresa, descobri o pior: o projeto não era rentável. Tudo estava pronto: sócios escolhidos, funções divididas, posicionamento de marca, branding, projeto 3D, contrato assinado e até investimento de mais de 100 mil reais. Mesmo assim, a partir dessa análise, resolvi desistir. Sabe por quê? **Não há nada mais improdutivo do que continuar insistindo na execução e revisão de um projeto que está fadado ao fracasso.**

Muito dinheiro foi gasto, é verdade, porém poderia ter sido muito pior. Poderiam ter sido milhões de reais para a execução completa que jamais teriam trazido os retornos esperados. Tudo isso aconteceu porque decidi *revisar* e *monitorar* o que estava sendo executado. Decidi tirar a "prova dos 9" do que estava planejando.

Essa técnica matemática é ensinada há décadas, antes da popularização das calculadoras, usada para verificar se os cálculos com números inteiros estavam corretos. De modo semelhante, ao revisar e questionar cada etapa do planejamento, pude identificar erros potenciais e ajustar o curso antes que grandes perdas ocorressem. Esse exercício de revisão constante garantiu mais eficiência, assim como preservou recursos valiosos que poderiam ter sido desperdiçados.

No Capítulo 3, discutimos como na navegação os pequenos ajustes constantes no trajeto mudam um destino. Aqui, vamos levar essa metáfora um passo adiante: a execução é como o ato de remar em direção ao objetivo quando o vento não está a favor. Nem sempre as condições externas nos impulsionam, e é nesses momentos que a resiliência e o monitoramento se tornam indispensáveis. O remo, assim como as ferramentas de revisão, exige esforço disciplinado, mas garante o avanço, tanto em águas calmas quanto nas mais desafiadoras.

Já a revisão atua como o capitão do navio, verificando se a rota está correta e, quando necessário, redirecionando para evitar desperdício de energia ou desvios desnecessários.

Você precisa estar constantemente revisando o planejamento e monitorando os resultados para ter certeza de que o caminho percorrido ainda faz sentido. Se encontrar algo que mostre que é melhor desistir, não hesite. Faça isso sem medo de buscar novos objetivos. Então, vá executando e revisando, faça o monitoramento de progresso e lembre-se de que nem sempre tudo vai dar certo. Isso faz parte do processo de entrar na Zona Desconforto.

CELEBRE AS CONQUISTAS

Em meados de 2024, estava falando com um mentorado sobre a execução do plano de crescimento buscado por ele. Muitas coisas haviam dado certo, outras haviam dado errado, e ele as tinha ajustado sempre que necessário para poder continuar avançando. Em uma de nossas conversas, lembro-me de que ele havia atingido um objetivo muito grande. Era algo enorme quando comparado aos passos iniciais.

Perguntei, então, o que ele faria para comemorar a nova etapa, algo que tinha conquistado com muito trabalho. Ele respondeu algo mais ou menos assim: "Ah, Brunno, não tenho tempo para comemorações. Vou seguir em frente e continuar avançando". "Como assim você não vai comemorar?", perguntei incrédulo. "Trabalhar em prol do progresso é importante, mas celebrar as conquistas no meio do caminho faz com que o processo valha a pena e seja possível checar o que foi ou não atingido. Então, a minha orientação é que você separe um tempo e comemore".

Isso vale para você, profissional que quer fazer diferente: valorize as conquistas dentro da execução e revisão. **Não permita que a correria das tarefas deixe passar em branco os pequenos passos maravilhosos que estão sendo dados.** Os avanços, sejam eles pequenos ou grandes, precisam ser vistos, reconhecidos e comemorados.

A celebração, nesse momento, funciona como um combustível emocional que vai impulsionar você em direção ao que precisa ser feito em seguida. É o que dá motivação, o que leva além e faz com que continuar avançando seja prazeroso.

Assim, execute escolhendo o momento certo para iniciar. Faça isso enquanto cria rituais e celebra o que atingiu, seja individualmente, em equipe e até com a família. Momentos de celebração e gratidão são poderosos, pois fortalecem os laços e renovam a motivação. **Compartilhe essas vitórias com quem está ao seu lado na jornada, pois só assim o crescimento valerá a pena!**

Observação: se naquele dia comecei a escrever este capítulo em um timing errado, quando o reescrevi, fiz isso no timing perfeito. Em algumas horas separei as referências que gostaria de utilizar, tracei um plano, criei um esboço e logo em seguida tinha dado o start. Percebe a importância de começar com a energia e no momento certo? Aplique isso na sua vida profissional sempre.

SHOWCASE: IPHONE – LANÇAMENTO, PLANEJAMENTO E EXECUÇÃO

Em 9 de janeiro de 2007, Steve Jobs subiu ao palco para apresentar um dispositivo que mudou o mundo: o iPhone. Combinando telefone, iPod e navegador de internet em um único aparelho, foi um produto inovador, além de um exemplo brilhante de execução estratégica e revisão constante para garantir o sucesso. Hoje, essa história pode parecer batida, mas continua sendo um dos meus cases favoritos.

O que torna o lançamento do iPhone ainda mais fascinante é que, ao introduzi-lo, a Apple decidiu abrir mão do produto mais bem-sucedido que tinha até então: o iPod, lançado em 2001. Este último já havia digitalizado o mundo da música e gerado um faturamento anual de mais de 9 bilhões de dólares em 2006.[54] No entanto, ao analisar tendências e revisar a estratégia, a Apple enxergou um horizonte maior. Esse movimento mostra que, às vezes, é necessário deixar para trás um sucesso já garantido para perseguir um futuro ainda mais promissor.

Antes do lançamento, a Apple investiu anos no desenvolvimento do iPhone, enfrentando desafios técnicos e estratégicos. Cada detalhe foi meticulosamente trabalhado, desde o design revolucionário até a interface de toque, uma inovação ousada e arriscada na época. Curiosamente, os primeiros protótipos do iPhone tinham uma interface muito parecida com, justamente, o hit anterior da companhia, o iPod.

---

[54] ADEUS, iPod: a ascensão e a queda de um ícone de várias gerações. **Impala**, 15 mai. 2022. Disponível em: https://www.impala.pt/especiais/adeus-ipod-a-ascensao-e-a-queda-de-um-icone-de-varias-geracoes/. Acesso em: 16 jan. 2025.

O planejamento não se limitou ao produto em si. A estratégia de lançamento foi cuidadosamente orquestrada para gerar ansiedade e desejo. A Apple apresentou o iPhone como um aparelho funcional e o posicionou como um símbolo de status e inovação, destacando a simplicidade e o foco no usuário, elementos que capturaram a a atenção e instigam a imaginação do público.

Após o lançamento, a empresa continuou monitorando o desempenho do iPhone no mercado e coletando dados sobre a experiência do consumidor. Esses insights foram fundamentais para ajustar futuras versões e expandir funcionalidades. O que começou como um dispositivo revolucionário transformou-se em um ecossistema indispensável, definindo novos padrões para a indústria de telefonia.

Esse exemplo mostra como a execução bem-sucedida depende de planejamento cuidadoso, adaptação contínua e monitoramento estratégico. Para profissionais liberais e empreendedores, essa história ensina que o sucesso não está apenas em ter uma ideia inovadora, mas também em ouvir, ajustar e entregar consistentemente o que o mercado valoriza. Afinal, não basta ter uma visão brilhante, é preciso coragem para abrir mão de algo bom em busca do extraordinário e ter disciplina para executar com excelência em todas as etapas.

ENTRE NA ZONA DESCONFORTO

Separe alguns minutos e responda às perguntas a seguir. Se sentir necessidade, anote as respostas em um caderno, tablet, bloco de notas ou outro espaço que preferir.

AUTOAVALIAÇÃO

- Quando foi a última vez que executou um plano e, após isso, fez uma revisão crítica do processo?
- Quais foram os pontos fortes da execução? O que poderia ter sido feito melhor?
- Você reavalia os seus projetos regularmente ou apenas segue em frente sem revisar os resultados?
- O que pode fazer para garantir que, na próxima execução, a sua performance seja superior?

TABELA DE EXECUÇÃO E REVISÃO

Preencha com base no seu último projeto ou objetivo.

Etapas do projeto	Execução atual	O que funcionou?	O que pode ser melhorado?
Planejamento			
Execução do plano			
Comunicação com a equipe			
Revisão e ajustes finais			

PRÁTICA

Escolha um item da tabela em que você pode melhorar e implemente uma mudança prática nas próximas duas semanas para aprimorar essa área. Agende um tempo para revisão futura e faça disso um hábito regular.

ÀS VEZES, É NECESSÁRIO DEIXAR PARA TRÁS UM SUCESSO JÁ GARANTIDO PARA PERSEGUIR UM FUTURO AINDA MAIS PROMISSOR.

ZONA DESCONFORTO
@BRUNNOFALCAO

08
NETWORKING E CONEXÕES ESTRATÉGICAS

Networking vai muito além de aumentar a sua lista de contatos. Trata-se de construir conexões significativas que ampliem as suas forças e preencham lacunas identificadas no caminho. É como montar um quebra-cabeça, em que **cada conexão estratégica é uma peça essencial para alcançar a sua visão de sucesso**. Nos capítulos anteriores, discutimos o mapeamento de forças e fraquezas como base para o crescimento sustentável e exploramos como a execução prática exige monitoramento e adaptação constantes. Agora, o networking surge como a conexão dessas etapas: as pessoas certas, no momento certo, fornecem o suporte, o conhecimento e as oportunidades para transformar planos em resultados reais.

Ao identificar fraquezas, o networking possibilita acessar especialistas dispostos a compartilhar experiências ou colaborar em projetos. Durante a execução, conexões estratégicas fornecem feedback valioso e abrem portas para novas possibilidades. Este capítulo, portanto, complementa e potencializa os anteriores, reforçando que o "quem" é tão importante quanto o "o quê" e o "como" no caminho para o sucesso.

Com princípios muito práticos e atemporais, John C. Maxwell explora, no livro *As 21 irrefutáveis leis da liderança*, alguns fatores que considera importantes para que líderes possam crescer e influenciar os liderados de modo eficaz. "A maioria das pessoas cria um círculo íntimo de amigos. No entanto, elas, via de regra, não fazem isso de maneira estratégica. Nós, naturalmente, tendemos a nos cercar das pessoas de que gostamos ou das pessoas com as quais ficamos à vontade". E completa: "Aqueles mais próximos de você determinam seu grau de sucesso."[55]

Eu não poderia concordar mais: as pessoas que estão próximas de nós influenciam, sim, os nossos resultados e comportamentos. A famosa frase atribuída ao empreendedor e palestrante norte-americano Jim Rohn, que diz que "Você é a média das cinco pessoas com quem mais convive",[56] vai muito além de um simples contexto motivacional, amplamente utilizado por diversos palestrantes.

As pessoas ao nosso redor moldam nossos comportamentos, e esses, por sua vez, têm o poder de transformar nossos resultados. Quando nos cercamos de pessoas que nos impulsionam, nos apoiam e nos projetam para o sucesso, criamos o ambiente ideal para alcançar resultados antes inimagináveis.

Não se trata de avaliar amizades como melhores ou piores, mas de identificar o círculo com qual você se sente mais alinhado, com o qual as suas metas e valores são compartilhados e fortalecidos. É nesse ambiente de apoio mútuo e crescimento que o progresso ganha tração. Portanto, para expandir a sua vida profissional e construir novos objetivos, é fundamental revisar e avaliar constantemente as suas relações interpessoais, o seu networking e as suas conexões estratégicas.

Pensar nisso é uma das etapas mais importantes para quem quer subir a régua do sucesso, seja pessoal ou profissional. Sozinhos podemos até dar alguns passos em direção aos objetivos. Juntos, contudo, chegamos muito mais longe: "Ninguém realiza sozinho algum grande feito", preconiza Maxwell.[57] Na vida profissional, networking é um assunto que não podemos mais ignorar, e é preciso fazer isso de modo que as conexões sejam duradouras e verdadeiras.

Tive contato aprofundado com o conteúdo de Maxwell por indicação de JB Carvalho, que, além de ser um de meus mentores, é bispo presidente

---

[55] MAXWELL, J. C. **As 21 irrefutáveis leis da liderança**. São Paulo: Thomas Nelson, 2013.

[56] JIM Rohn. **Pensador**. Disponível em: https://www.pensador.com/frase/MjEwMjc1Ng/. Acesso em: 16 jan. 2025.

[57] MAXWELL, J. C. *op. cit.*

da Comunidade das Nações e autor best-seller de mais de dezesseis livros, incluindo *Metanoia*,[58] um clássico reconhecido internacionalmente. Quando JB trouxe a leitura e os estudos guiados sobre as obras de Maxwell na mentoria, fiquei fascinado. Depois, ele anunciou que traria o próprio Maxwell para um evento presencial. Foram quase setenta e duas horas na companhia de um dos maiores autores da atualidade. De todo o conteúdo que ele abordou, nada foi tão enfático como o círculo social e as conexões geradas nele.

Maxwell é uma das maiores referências em liderança e desenvolvimento pessoal. É autor, conferencista, palestrante, coach e conhecido por ensinar princípios práticos de liderança nos mais variados círculos, como empresas, organizações, governos e até mesmo individualmente – veja a minha própria transformação após ter lido a obra.

Fiquei tão fascinado pelo conteúdo que fui além do roteiro de estudos regular e mergulhei na obra de Maxwell – à medida que estudava e aprendia, passei a aplicar os ensinamentos no meu próprio grupo de mentoria. Tudo foi tão intenso que poderia dizer que esses aprendizados determinaram o meu ano e, consequentemente, meus resultados.

Por isso, decidi iniciar este capítulo fazendo uma releitura de algumas das 21 irrefutáveis leis da liderança de Maxwell, que têm moldado os meus resultados e que podem ser aplicadas em nosso contexto. Condensei os ensinamentos de Maxwell em três leis que considero fundamentais para o progresso pessoal e profissional.

1ª LEI: CÍRCULO ÍNTIMO

Potencializamos nossos resultados a partir daqueles que estão mais próximos a nós. Esse é o princípio básico dessa lei, cuja proposta é construir e manter um círculo de contatos confiáveis e influentes que poderão ajudar na sua jornada.

Então, pense na sua carreira, no que está construindo até aqui: como está o seu círculo íntimo? Vou abordar esse tema em mais detalhes ao longo do capítulo, porém iniciar essa reflexão é um passo importante.

---

[58] CARVALHO, JB. **Metanoia**: a chave está em sua mente. Brasília: Chara, 2018.

Para fortalecer a lei do círculo íntimo, você pode, por exemplo, buscar parcerias estratégicas com pessoas que têm habilidades complementares às suas ou pessoas que consigam ampliar o alcance de visão que tem, como uma sociedade em uma empresa ou colaborações e parcerias que vão alavancar resultados e ampliar os seus horizontes.

2ª LEI: CONEXÃO

Conectar-se é fundamental para quem busca networking genuíno. Sem conexão verdadeira, nossas relações ficam frágeis, quebram-se com pouco. Assim, uma das bases do networking precisa ser investir na habilidade de conexões estratégicas e verdadeiras para criar empatia, construir confiança e fazer perdurar as parcerias criadas.

> *Bons líderes se preocupam em se ligar aos outros o tempo todo, quer estejam se comunicando com toda uma organização, quer estejam trabalhando com um único indivíduo. Quanto mais forte o relacionamento que você estabelece com os seguidores, maior a conexão que você forja – e mais provável é que esses seguidores queiram ajudá-lo.[59]*

Tomo a liberdade de transpor essa fala do Maxwell ao nosso contexto: pessoas que se preocupam em crescer e utilizar o desconforto como parte do processo de crescimento profissional devem se conectar a outras pessoas, sejam elas de dentro da própria organização, contatos de um evento ou até mesmo os próprios clientes. Esse é o networking que oferece sem pedir nada em troca, sendo autêntico e estando presente.

3ª LEI: PRIORIDADES

Networking sem priorização é o mesmo que sonhos sem metas. Isso significa que, pensando na lei das prioridades, você precisa entender quem

[59] MAXWELL, J. C. *op. cit.*

são as pessoas que trazem mais impacto para o que você está construindo. Essa lei não tem relação com ser interesseiro, mas ser intencional no que você quer a partir de agora.

Durante uma palestra em um dos encontros de mentoria que organizo para profissionais da saúde, o professor Romeo Busarello destacou algo marcante: mais do que apenas os diplomas, grande parte do aprendizado ocorre nas horas livres, com os amigos que fazemos em ambientes de discussão. Enfatizou que é nesse espaço, nas conversas após as aulas, que o aprendizado realmente se consolida. Busarello concluiu com uma reflexão poderosa: "Seja interessante sem ser interesseiro". Esse pensamento resume bem o conceito de networking intencional: conectar-se genuinamente com pessoas que compartilham o mesmo ambiente de aprendizado e que trazem algo significativo para a sua trajetória.

Agora é uma boa hora para analisar "como" fazê-lo. Segundo Maxwell, "Você cria credibilidade com as pessoas quando se liga a elas e mostra que realmente se interessa e quer ajudá-las. Como resultado, elas normalmente reagem do mesmo jeito e querem ajudar você". Outro ponto relevante, pensando na conexão com muitas pessoas, é que "um dos segredos para se conectar aos outros é reconhecer que, mesmo em um grupo, é preciso se relacionar com as pessoas como indivíduos".[60]

Se esse é um dos segredos para se conectar verdadeiramente às pessoas – e realmente é –, existem outros pontos que passam pelo networking e conexões estratégicas que precisamos abordar.

SEPARE-SE DE QUEM DISTANCIA VOCÊ DO PROGRESSO

Apesar de poder ser um tanto polêmico, costumo falar que precisamos ter muita consciência de quem deixamos ficar perto de nós. Precisamos separar quem tem relevância real ou superficial em nossas relações; isto é, precisamos separar quem agrega ou não, quem contribui para o crescimento ou não, quem é positivo ou negativo, quem quer o nosso bem e quem não quer.

---

[60] MAXWELL, J. C. *op. cit.*

Essa é uma lógica que vale para todas as esferas de relações interpessoais, incluindo colegas de trabalho, amigos, parceiros, clientes, colaboradores e até mesmo a própria família.

Pessoas com família disfuncional ou tóxica, aquela que não agrega e só coloca para baixo, precisam escolher aceitar ou não quem ficará por perto, pois mesmo essas relações, do âmbito pessoal, podem afetar o crescimento profissional. No fim das contas, isso acontece porque a vida pessoal e o trabalho acabam permanecendo interligados.

Imagine a seguinte situação: havia um jovem que sempre buscava se superar, dedicando-se a projetos que pareciam impossíveis para muitos. Certo dia, ele recebeu a oportunidade de apresentar uma ideia inédita em um evento importante na área de atuação dele. Trabalhou dia e noite, aperfeiçoando a apresentação, enfrentando dúvidas e desafios, e, por fim, conseguiu impressionar uma plateia cheia de especialistas. Aplaudido de pé, ele sentiu que havia alcançado um marco na própria trajetória.

Ao voltar para casa, cheio de entusiasmo, procurou um amigo próximo para compartilhar a conquista: "Você não acredita! Apresentei o meu projeto no evento e foi um sucesso. Eles adoraram!", comentou com os olhos brilhando.

O amigo, com um tom indiferente, respondeu: "Mas o que você sabe desse assunto? Tem gente muito mais experiente que poderia ter falado no seu lugar". Aquelas palavras foram um balde de água fria. O jovem ficou em silêncio por um momento, tentando processar o que acabara de ouvir. Não esperava que o amigo fosse compreender a complexidade do projeto, mas esperava apoio, um sorriso, talvez um simples e entusiasmado "parabéns". Em vez disso, recebeu desdém, como se aquela vitória não tivesse valor.

Depois de refletir, o jovem percebeu que, por mais doloroso que fosse, algumas pessoas não estão preparadas para apoiar o sucesso dos outros. Não por maldade, mas porque enxergam as conquistas alheias pelas lentes da insegurança e da competição.

Moral da história: **nem sempre as pessoas que mais deveriam nos amar e proteger serão aquelas que vão comemorar as vitórias conosco.** Nem sempre as pessoas que achamos serem boas para o nosso crescimento profissional serão aquelas que vão nos ajudar a dar os próximos passos em direção ao que queremos construir. Assim, muito mais do que pensar apenas em networking e conexão interpessoal estratégica, o meu convite é para que você consiga separar o que é positivo do que é negativo. Isso não necessariamente significa cortar pela raiz o que é negativo, ou seja, afastar-se completamente. Talvez, o melhor movimento, pensando em relações pessoais que façam sentido e sejam proveitosas, seja blindar-se ao máximo para não levar em consideração comentários e outros pontos negativos da relação. Talvez o melhor movimento seja não se deixar afetar.

Por outro lado, é possível também que você precise separar quem fica e quem precisa ir embora. Isso envolve maturidade. Tem uma frase que ouvi de JB Carvalho que é a mais pura verdade: quando pessoas erradas são afastadas da sua vida, as coisas erradas simplesmente param de acontecer. Um jardim não dá flores se está tomado por ervas daninhas. Para florescer, você precisa plantar coisas boas.

Separe as pessoas que contribuem para o seu crescimento daquelas que apenas o limitam. É preciso ter coragem para fazer essa reflexão. Essa é uma daquelas **atitudes que geram desconforto inicial, mas, no final, trazem alívio e impulsionam o seu crescimento**.

CONEXÕES QUE ENGRANDECEM

Depois de separar o joio do trigo, é preciso entender que caminhar sozinho pode ser interessante, mas a chance de sucesso é maior quando você está cercado de quem agrega valor. No livro de Eclesiastes (4:9-12), há uma passagem sobre esse tema: "É melhor ter companhia do que estar sozinho, porque maior é a recompensa do trabalho de duas pessoas. Se um cair, o amigo pode ajudá-lo a levantar-se. Mas pobre do homem que cai e não tem quem o ajude a levantar-se! [...] Um homem sozinho pode ser vencido, mas dois conseguem defender-se. Um cordão de três dobras não se rompe com facilidade".

Na minha jornada profissional, costumo falar que sempre cresci com parcerias colaborativas. Hoje chamadas de *collabs*, elas apareceram na minha trajetória a partir de parceiros de trabalho, colaboradores que me ajudaram, sócios que fizeram parte das empresas em que estive e muito mais. Eram, sim, conexões que engrandecem, porém mais do que isso elas fortaleciam as minhas forças e diminuíam às minhas fraquezas.

É impossível mencionar networking sem reforçar esta questão: avaliando o seu círculo de amizades, o círculo profissional do seu convívio, como você se sente? São pessoas que elevam os seus pontos fortes e agregam nos seus pontos fracos? Ou são indiferentes? E ainda: será que elas não valorizam as suas forças, tampouco agregam às fraquezas? Tudo isso é possível quando entramos no tema do networking, e por este motivo é tão importante fazer essa avaliação.

Para que possamos multiplicar o que temos, precisamos dividir. Mas devemos dividir com aqueles que estão conectados ao que queremos construir. Devemos fazer isso com parcerias, colaboradores, sócios e nas *collabs* das quais participamos. É essa atitude que nos ajuda a dar os próximos passos profissionais.

SEJA ESTRATÉGICO E INTENCIONAL

Sei que não é fácil para todos fazer conexões com pessoas. Muitas vezes, imaginar-se frequentando eventos do seu nicho pode parecer muito difícil, mas é importante para o desenvolvimento profissional, para que você esteja nos círculos corretos, fique por dentro de novidades, conheça pessoas com quem pode fazer parcerias estratégicas e muito mais. Nesse sentido, quando pensamos em networking, existem duas palavras que precisam estar na ponta da língua: estratégia e intencionalidade.

Ser estratégico é avaliar quem pode agregar valor aos seus objetivos profissionais, considerando até mesmo qual será a sua parte nesse processo de conexão. Ou seja, o que você oferecerá em troca pelo que receberá do outro. Não se trata de distribuir cartões aleatoriamente ou "colecionar" contatos inutilizados ao longo da carreira. Ser estratégico é avaliar o contexto, agir com *consciência* e *presença*.

A intencionalidade, por outro lado, é simplesmente agir com propósito. Em vez de aguardar o acaso ou o destino, ser intencional é buscar de modo ativo com quem se conectar. Para ser intencional, precisa refletir: se conhece os seus objetivos, quem poderia ajudar você a alcançá-los? E o que você poderia oferecer em troca? Nesse ponto, inclusive, existe aquele dito popular de que é possível se conectar com qualquer pessoa no mundo com a ajuda de apenas cinco pessoas. Reflita: se você precisasse se conectar com alguém da sua área, qual contato poderia ser uma ponte para você chegar até lá?

Em estratégia e intencionalidade, ainda, é possível que você precise buscar mentores, novos contatos ou até mesmo avaliar dentro dos seus objetivos com quem precisa se conectar para avançar. Talvez deva frequentar um evento importante, talvez precise acionar alguém no Instagram para pedir que um colega faça uma ponte específica, talvez deva encarar o networking apenas com a consciência de que todos precisamos de pessoas para que possamos crescer mais.

Por fim, ser estratégico e intencional também passa pela avaliação do próprio perfil. O que significa entender as suas facilidades e dificuldades com networking para que as conexões sejam mais fáceis de fazer. Se você é mais extrovertido, por exemplo, poderá pensar em networking feito em grupos maiores de pessoas, algo que envolva mais exposição. Porém, se você é mais introvertido, talvez tenha que buscar conexões mais reservadas ou treinar a si mesmo para fazer conexões que envolvam sair da zona de conforto.

Lembre-se de que a intencionalidade não pode se sobrepor aos seus princípios e valores. Trago novamente a fala de Bussarello: "Seja interessante sem ser interesseiro". Também já ouvi a seguinte frase, que é amplamente atribuída a Danny Silk: "O plano mestre da vida é fazer as pessoas se apaixonarem por você, dando a elas o que você tem de melhor".

COMO CRIAR BOAS CONEXÕES

Existe um conceito que todo profissional deveria ter em mente: é preciso buscar ser ponte para outras pessoas. Aprendi isso com o meu pai, que, desde muito cedo, foi alguém que entendeu a importância de ter bons contatos e passá-los para os clientes. Qualquer contato que eu pedia ao meu pai tinha um retorno imediato: "Tem um amigo meu...". Não necessariamente ele estava falando de uma amizade, mas comecei a reparar que poderia contar com o meu pai para tudo o que eu precisava e que ele poderia até não ajudar diretamente, mas sempre teria "um amigo" para indicar.

O ponto é que o meu pai não apenas estava sendo uma ponte de conexão e ajudando pessoas, como também aumentando a credibilidade, a autoridade que tinha no assunto – e melhorando a maneira como era percebido pelos grupos que frequentava. Estava fortalecendo a rede de relacionamentos.

Vemos o networking, muitas vezes, apenas a partir do prisma do interesse pessoal, de como vamos alcançar os objetivos que temos. Porém, em muitos momentos, as conexões mais valiosas são aquelas em que oferecemos valor a outras pessoas. Ser ponte para alguém significa criar um elo entre quem precisa de ajuda e quem pode oferecer. Vamos imaginar que você é médico, está conversando com outra pessoa e ela fala sobre precisar de um profissional específico que você conhece e indicaria. Ao fazer essa ponte, está mostrando que se importa e fortalece a conexão, bem como mostrando que é confiável e que tem bons contatos que podem ajudar o próximo.

Ser ponte faz com que a relação ganha-ganha do networking fique muito mais clara para ambas as partes. Existe um impacto poderoso em ser lembrado como "aquele que sempre sabe quem pode ajudar". Isso gera aumento de credibilidade, autoridade e reconhecimento no longo prazo.

Vale, entretanto, um ponto de alerta: ser ponte para alguém não funciona com qualquer contato. Você precisa, novamente, ser intencional e estratégico. Precisa pensar em quem está indicando para que sejam pessoas confiáveis, competentes e alinhadas com a sua visão e o que quer passar. Assim, a sua reputação também será preservada.

BÔNUS: ORIENTAÇÕES PRÁTICAS

Separei alguns elementos importantes que podem ajudar nesse processo de construção de novo networking. São oito pontos que considero fundamentais para você ter em mente em todas as relações que tiver.

SEJA GENUÍNO

Não fique pensando em impressionar outras pessoas, seja você mesmo. Demonstre interesse real e mantenha a escuta ativa. Se você já foi a uma reunião em que todos tentavam se vender a qualquer custo, sabe como é fácil perceber quem está forçando autenticidade. Portanto, ser genuíno não é apenas uma questão de autenticidade e caráter, mas também estratégica.

OFEREÇA VALOR ANTES DE PEDIR AJUDA

Se possível, sempre que precisar de ajuda, tente oferecer valor a essas pessoas também. Ajudar primeiro é o que fortalece as conexões. É um princípio bíblico: "O maior dentre vocês deverá ser servo" (Mateus 23:11). Além disso, esse conceito também é reforçado por um conhecido ditado popular: "Gentileza gera gentileza". Pode parecer um tanto quanto básica essa informação, mas, na prática, não vemos tanta gentileza assim no dia a dia, por isso ainda considero um diferencial de grande valor.

RELACIONAMENTOS ATIVOS DURAM MAIS

Manter conexões ativas é muito mais do que um ato social, é um investimento contínuo nas relações que moldam a sua trajetória pessoal e profissional. Não basta conhecer pessoas e guardar os contatos em uma lista – é preciso cultivar essas conexões com intenção e autenticidade. Pequenos gestos podem ter um impacto significativo. Anote as datas de aniversário, mas vá além: preste atenção em momentos especiais que foram compartilhados com você, como a conquista de um novo emprego, o nascimento de um filho ou a realização de um projeto importante. Essas ocasiões são janelas únicas para demonstrar cuidado e interesse genuíno.

Por exemplo, se alguém mencionar que comemorou um marco especial, como a defesa de uma tese ou o aniversário de casamento, registre essa informação. Utilize ferramentas simples, como um alarme no celular ou uma anotação na sua agenda, para se lembrar da data no próximo ano. Quando o momento chegar, envie uma mensagem personalizada, ligue ou até mesmo ofereça um pequeno presente simbólico. Esse tipo de atenção aos detalhes transforma conexões superficiais em relacionamentos significativos, demonstrando que você valoriza a pessoa, e não apenas o que ela pode oferecer.

REDES SOCIAIS PODEM SER ESTRATÉGICAS

Pense em como as redes sociais podem potencializar esses gestos. Uma mensagem pública de reconhecimento ou felicitação, uma interação em um post ou até um comentário que mostre que você se lembra do que foi importante para aquela pessoa são formas simples de reforçar a proximidade. Em um mundo em que o "básico" muitas vezes é negligenciado, quem mantém a

conexão ativa de maneira estratégica e emocional conquista um diferencial poderoso. Afinal, mais do que contatos, estamos falando de criar e manter relacionamentos que realmente fazem a diferença ao longo da vida.

Além disso, pense nas redes sociais como uma ponte. No meu caso, quando participei de eventos fora do Brasil, busquei conexões através do LinkedIn e de pesquisas, e usufrui dessas ferramentas de maneira intencional – assim, consegui divulgação do evento e do meu trabalho em importantes veículos de mídia internacional.

VALORIZE A COMUNICAÇÃO EFICIENTE

Sempre que estiver em rodas de conversa com pessoas estratégicas, pratique a arte da comunicação eficiente. Conte histórias de maneira clara e objetiva, demonstre escuta ativa e seja intencional nas suas palavras, pois isso transmite profissionalismo e interesse genuíno. Lembre-se de que, muitas vezes, as pessoas valorizam mais quem as ouve do que quem fala. Cultive o hábito de ser um ouvinte atento e presente, pois a sua conexão mais autêntica pode surgir justamente da sua habilidade de ouvir com empatia e atenção.

TODOS SÃO IMPORTANTES

Lembre-se de que todas as pessoas são importantes, mesmo aquelas que estão em cargos ou posições abaixo dos seus. Mantenha o relacionamento ativo com pessoas importantes para você, mesmo que você tenha decidido se distanciar delas. O básico deve ser feito.

Já presenciei eventos e rodas de conversa que pareciam um verdadeiro tiroteio verbal, com todos falando ao mesmo tempo. É importante entender que, em algumas situações, é o dia do outro brilhar, o momento do outro contar a história e compartilhar a conquista. Permita que essa pessoa tenha um espaço e leve o crédito. Você terá a sua oportunidade de ganhar destaque no momento certo.

Aprenda a ouvir com atenção e aplaudir o sucesso do outro. Evite a tentação de desviar o foco, dizendo algo como: "Mas quando foi comigo, foi assim...". Em vez disso, aproveite o momento para vibrar com o outro e fortalecer a conexão entre vocês, mostrando-se um verdadeiro apoiador. Esse gesto simples pode abrir portas para relacionamentos ainda mais sólidos e valiosos.

INVISTA EM SE CONHECER

Busque melhorar a sua comunicação, bem como as habilidades e competências. Pessoas interessantes e confiantes atraem o mesmo tipo de personalidade sem maiores esforços. Evoluir é algo que faz você ser ponto de referência, e isso é fundamental para quem quer construir um bom networking. Imagine alguém que conhece as suas próprias forças e fraquezas: esse nível de auto-conhecimento não só melhora a forma como você interage, mas aumenta a capacidade de inspirar e liderar.

CONEXÕES PODEROSAS

Paulo Vieira, que é palestrante, conferencista internacional, autor best-seller e um dos meus mentores, tem uma ferramenta chamada Conexões Poderosas que pode ajudar nesse processo de networking. Recentemente, enquanto revisava as minhas anotações de uma de nossas sessões de *mastermind*, lembrei de como essa ferramenta foi transformadora para mim.

Durante uma atividade prática, listei quatorze conexões que poderiam ser estratégicas para os meus objetivos. Com planejamento intencional e aplicação da metodologia, consegui sucesso e acesso direto a dez desses nomes. Essa experiência mostrou o quanto é poderoso planejar relacionamentos de maneira consciente, utilizando ferramentas e estratégias que ampliam nossas oportunidades e nos conectam a pessoas que realmente fazem a diferença em nossa trajetória.

Paulo fala que, para fazermos conexões poderosas com outras pessoas, precisamos, em primeiro lugar, *honrar* as pessoas com quem estamos em contato. Depois, ele comenta que devemos *elogiar* as pessoas pelo que elas são e fazem, sem bajulações, sendo verdadeiro. Por fim, fala que conexões poderosas envolvem *favor*, que é gerar benefícios aos outros, e *presentear*, de modo que o outro perceba o valor que tem em nossa vida.[61]

Essa nova mentalidade de networking foge do *interesse* e busca a *generosidade*. Transforma as relações e com certeza contribuirá para o seu sucesso profissional.

---

[61] COMO fazer as conexões certas | EP.2 – Série 10 anos em 4 meses | Paulo Vieira. 2024. Vídeo (13min 12s). Publicado pelo canal Paulo Vieira. Disponível em: https://www.youtube.com/watch?v=E8oaO6c-C6A. Acesso em: 18 dez. 2024.

SHOWCASE: BRUNO AVELAR – O PODER DO NETWORK E TRAJETÓRIA

Estive presente em O Poder do Network, evento liderado por Bruno Avelar, e ali tive inúmeros aprendizados. O encontro vai além de palestras sobre conexões estratégicas e cria um ambiente propício para a prática real do networking. Os participantes estavam lá para ouvir e para se conectar, trocar experiências e ampliar intencionalmente as redes de contatos. O mais fascinante é que Bruno, ao idealizar um evento dessa magnitude, posiciona-se estrategicamente como o principal ponto de convergência das oportunidades. Afinal, quem não gostaria de se conectar com alguém que tem acesso direto às maiores conexões profissionais e empresariais do país?

A trajetória dele reflete exatamente o que ele ensina nos eventos. De origem humilde, ele construiu uma carreira sólida e tornou-se referência graças às conexões estratégicas que cultivou ao longo do caminho. Esse esforço intencional o levou a ser convidado para liderar projetos de alto impacto, como o leilão beneficente do jogador Neymar Jr., que já arrecadou milhões para causas sociais. Além disso, Bruno participou de outras iniciativas de peso, como o leilão do Ronaldo Fenômeno e outros eventos filantrópicos internacionais, consolidando-se como uma figura central no universo do networking no Brasil e no exterior.

Assim, trago esse exemplo do evento como uma lição viva sobre a relevância do networking intencional e estratégico. É um espaço que atrai milhares de pessoas dispostas a investir tempo e dinheiro para aprender a construir conexões significativas. E isso demonstra que o networking não é apenas sobre "quem você conhece", mas sobre o impacto real que essas conexões podem gerar.

Aprendendo com o que Bruno criou, reflita: se você fosse o especialista ou o centro dessas conexões, qual seria o segmento, setor, bairro ou região em que você poderia ser a pessoa certa para liderar projetos e criar pontes significativas? Posicione-se. Neste exato momento, há alguém precisando da sua conexão.

ENTRE NA ZONA DESCONFORTO

Separe alguns minutos e responda às perguntas a seguir. Se sentir necessidade, anote as respostas em um caderno, tablet, bloco de notas ou outro espaço que preferir.

AUTOAVALIAÇÃO

- Quem são as pessoas que estão ajudando você a crescer profissionalmente?
- Quais novas conexões estratégicas você pode fazer para expandir a sua rede?
- Está cercado de pessoas que inspiram ou que puxam para baixo?
- Como pode contribuir para a rede das pessoas ao seu redor, tornando as conexões mutuamente benéficas?

FERRAMENTA DE AVALIAÇÃO DE REDE

A seguir, leia as afirmações e dê uma nota de 1 a 5 para cada uma delas, em que 1 representa discordo totalmente e 5 concordo totalmente.

Tenho uma rede de contatos que contribui para o meu crescimento profissional.	
Faço networking ativamente para expandir as minhas conexões estratégicas.	
As minhas conexões são recíprocas e há trocas de valor claras.	
Estou cercado de pessoas que me inspiram a ir além.	

RESULTADO

- 15-20 pontos: uma rede sólida é uma vantagem competitiva. Quem atinge essa faixa deve focar em manter a reciprocidade e buscar novas oportunidades de colaboração com os contatos existentes.
- 10-14 pontos: para essa faixa, o foco deve ser na expansão de conexões. Identifique quais áreas específicas (inspiração, troca de valor etc.) estão abaixo do esperado e trabalhe em estratégias para fortalecê-las.
- 4-9 pontos: quem se encontra nessa faixa deve redobrar os esforços para encontrar pessoas que possam agregar valor e, ao mesmo tempo, eliminar contatos que drenam energia ou não contribuem positivamente.

PRÁTICA

Escolha três pessoas com quem você deseja fortalecer a sua conexão ou iniciar um relacionamento estratégico. Envie uma mensagem ou marque uma reunião informal, um café, para alinhar interesses mútuos, diga algo positivo que admire no trabalho da pessoa ou ofereça ajuda em um projeto.

RELACIONAMENTOS CERTOS ABREM PORTAS QUE ESTRATÉGIA NENHUMA CONSEGUE DESTRANCAR.

ZONA DESCONFORTO
@BRUNNOFALCAO

9
EXPANSÃO DE CONSCIÊNCIA

ocê fica chateado quando não realiza os seus sonhos? Fica frustrado por não conseguir conquistar o que gostaria? É comum que a resposta seja sim, quase natural, mas quero que pare e pense comigo sobre algo que aconteceu na minha história. Quando eu era criança, o meu pai tinha um bar no bairro de Bento Ferreira, em Vitória, Espírito Santo. Lembro-me de que eu andava por ali, ajudava-o (atrapalhava) em algumas tarefas e, naquele ambiente, no contexto em que eu vivia, o que minha mente me permitia enxergar era que o meu maior sonho era ser motoboy, ser entregador de pizza.

O meu pai adorava motos, e o bar tinha entregadores indo e vindo a todo momento. Além disso, o meu tio, irmão do meu pai, também tinha diversos modelos de motos. Eu achava aquilo muito legal, por isso criei um sonho profissional de ser entregador de pizza.

Na época, aquele era o auge. Durante os anos seguintes, alimentei esse sonho, que parecia ser tudo o que eu queria: virei office-boy, entreguei documentos, e não pizzas, mas não tinha nem idade para isso. O tempo passou, as referências eram outras e eu já estava em um novo cargo, dentro da superintendência da Caixa Econômica, onde os funcionários e diretores tinham outro comportamento, outro padrão de vida, e a minha mente se expandia. Percebi, então, que aquele desejo de infância não tinha mais nada a ver com a pessoa que eu havia me tornado.

A verdade é que os sonhos também amadurecem – assim como nós. Eles mudam, adaptam-se e até mesmo deixam de fazer sentido. Com a nossa história, o que sonhamos também passa por uma evolução e se transforma enquanto caminhamos.

No meu caso, vivi outros contextos, conheci novos ambientes, e o meu sonho mudou. Tem algo de errado em ser motoboy e entregar pizza? É claro que não. Porém, foi a partir da *expansão de consciência* que me permiti sonhar mais alto e chegar mais longe. Conforme aprendemos mais sobre nós mesmos e sobre o mundo ao nosso redor, nossas prioridades mudam, e o que parecia essencial em um momento da vida pode se tornar irrelevante em outro. O que parecia ser maravilhoso em determinado ponto, em outro já não faz mais sentido.

Se parar para analisar toda a sua vida agora, profissional ou não, tenho certeza de que você já teve outros sonhos e outras vontades que hoje já não cabem no que você está construindo. Se fosse realizar os sonhos que tinha quando era criança, acha que todos caberiam na sua jornada hoje? Muito provavelmente, a resposta é não.

Então, a minha reflexão a partir disso tudo é: se você sente chateado por não ter realizado algum sonho, talvez seja o momento para reavaliar a rota e expandir a consciência. Para que o início desse processo de mudança aconteça, é preciso ter coragem de abandonar o que não serve mais e criar espaço para novos desejos, mais alinhados com quem realmente quer se tornar.

Como está escrito em Lucas (5:37-38): "E ninguém põe vinho novo em vasilhas de couro velhas; se o fizer, o vinho novo rebentará as vasilhas, se derramará, e as vasilhas se estragarão. Pelo contrário, vinho novo deve ser posto em vasilhas de couro novas". Assim como um recipiente velho não pode conter vinho novo, nossas antigas crenças e hábitos precisam ser deixados para trás, permitindo que novos sonhos e objetivos encontrem espaço para florescer. Isso é expandir a consciência.

Nessas descobertas, talvez você perceba que o novo caminho faz você muito mais feliz. Eu seria, sim, feliz realizando o meu sonho de ser motoboy. Mas agora, após anos de dedicação à área da saúde, diversos projetos internacionais, trabalhando com a marca de Arnold Schwarzenegger há mais de dez anos, o meu trabalho impactando mais de 95 países, tenho me dedicado muito ao desenvolvimento de profissionais dentro do mercado em que já tenho amplas conexões e uma jornada de sucesso para contribuir. O sonho não cabe mais na minha realidade.

Posso garantir que isso tudo está muito mais alinhado comigo e com o que quero contribuir para o mundo, assim como diz o dr. Robert Clinton: "Convergência é uma zona de intercessão entre os dons, as paixões e o mercado no qual você está inserido, é isso que eu sou e é isso que eu nasci pra fazer".[62]

Como o processo de expansão de consciência não é algo que pode ser feito apenas com dicas ou orientações mais práticas, é algo que envolve reflexão, abertura de pensamento e novas escolhas, acredito que a melhor maneira de incentivar esse processo seja a partir de algumas histórias, depoimentos e referências diferentes que podem ajudar a provocar novas reflexões em você. E é a reflexão que leva à expansão.

A UMA PERGUNTA DE DISTÂNCIA

Muitas vezes, olhamos para uma situação profissional ou pessoal achando que existe apenas *uma* solução, quando na verdade podemos mudar a perspectiva e passar a enxergar o copo meio cheio em vez de meio vazio. Esse foi um dos pensamentos que tive enquanto assistia *Einstein e a Bomba*, documentário lançado em 2024 e disponível na Netflix, que mostra mais sobre a vida incrível e fascinante de um dos maiores gênios da história, Albert Einstein (1879-1955).[63]

Ali percebi que ele, assim como nós, não nasceu com todas as respostas. Muito pelo contrário: decidiu passar boa parte da jornada explorando perguntas, buscando resultados e mudando a rota sempre que essas respostas não levavam a lugar algum – ou não pareciam levar. Desafiou os paradigmas científicos, culturais e contextuais da época sem se deixar abalar pelas "verdades absolutas" que eram contadas.

Se diziam para ele que algo funcionava de determinada maneira e ele tinha curiosidade de entender como, buscava as respostas exaustivamente

---

[62] CLINTON, J. R. **The Making of a Leader**: Recognizing the Lessons and Stages of Leadership Development. Colorado Springs: NavPress, 1988.

[63] EINSTEIN e a Bomba. Anthony Philipson. EUA: Netflix, 2024. Vídeo (1h16min). Disponível em: https://www.netflix.com/br/.

até conseguir chegar o mais perto possível. Então, como poderia ser uma verdade absoluta se ele conseguia enxergar novos pontos de vista? Ele se questionava. Incansavelmente.

Depois, quando criou a Teoria da Relatividade, algo novo aconteceu. Acreditava-se, naquele momento, que o tempo era fixo, imutável e universal. Mas Einstein decidiu fazer uma nova pergunta: "Se um observador viajasse na mesma velocidade da luz, o que ele veria?". Com apenas uma reflexão e a possibilidade de expandir a consciência, ele descobriu a dilatação do tempo, equivalência entre massa e energia e a gravidade como distorção do espaço-tempo, que são elementos da Teoria da Relatividade.

Complicado, não é? Vou simplificar. Imagine que você está em um trem viajando próximo à velocidade da luz. Para um observador do lado de dentro, o tempo dentro do trem pareceria passar mais devagar em comparação ao tempo fora dele – isso é o que chamamos de dilatação do tempo.

Einstein mostra que expandir a consciência é questionar o óbvio, desafiar o que parece imutável e abrir espaço para novas possibilidades. Se ele não tivesse ousado questionar as verdades absolutas da época, nossa compreensão do universo não teria alcançado a profundidade que temos hoje. A ousadia dele inspira a fazer perguntas diferentes, romper paradigmas antigos e explorar horizontes que ainda nem imaginamos. Expandir a consciência não tem relação com mudar o que somos, mas perceber que podemos ser mais do que imaginamos.

Portanto, lembre-se de que, para expandir a consciência, é preciso abandonar a necessidade contínua de sempre achar que as certezas são verdadeiras. **Para expandir a consciência, abraçar o desconforto e construir novos resultados, você precisa aguçar a curiosidade, desafiar o que é antigo e colocar-se em movimento.** Talvez, nesse processo, o próximo passo esteja a apenas uma pergunta de distância.

EXPANDIR COM PROPÓSITO

Tente imaginar um jovem de 23 anos com uma condição financeira baixa, porém com uma visão poderosa: desde cedo, sabia que queria mudar a própria realidade. Esse é apenas um pedaço da história de Flavio Augusto, alguém que admiro muito e que hoje é um empresário e autor best-seller.

Flavio nasceu no Rio de Janeiro, em uma família de classe média baixa, por isso precisou começar a trabalhar cedo, vendendo cursos de inglês. No início, não recebia salário, precisava pagar pela passagem de ônibus, alimentação e fichas telefônicas que usava para fazer as vendas. Como tinha vontade de crescer – em uma mentalidade de expansão de consciência –, foi promovido e começou a ter a possibilidade de realizar, profissionalmente, novos sonhos.[64]

Aos 23 anos e com um capital de apenas 10 mil reais, fundou a Wise UP, uma empresa que oferecia cursos de inglês e fez sucesso logo no início pela diferenciação do método de ensino, com foco em conversação. Depois de dezoito anos da fundação, o negócio chegou a de ser avaliado em 877 milhões de reais[65] e vendido por esse valor, porém recomprado por ele alguns anos depois por 398 milhões de reais.[66]

Com a história dele, que aprofundaremos no próximo showcase, quero mostrar que para a expansão de consciência não basta estar dentro do negócio, do nicho em que se atua, mas deve se pensar no propósito que se tem, no que está construindo, em como se quer avançar, inspirar e capacitar outras pessoas. Isso tudo conta!

Se você quer que a sua jornada profissional tenha novos resultados, precisa olhar para o propósito que tem com esse crescimento. Precisa conhecer melhor a si mesmo, entender como a jornada pode ser mais produtiva. E isso tudo não acontece por acaso, da noite para o dia, é aquilo que já entendemos ao longo do livro: é preciso abrir-se às oportunidades e fazer acontecer abraçando a Zona Desconforto. Só assim poderemos expandir e crescer ainda mais.

---

[64] FLÁVIO Augusto da Silva: a história do bilionário brasileiro. **Canal Sonho Grande**, 8 ago. 2024. Disponível em: https://www.canalsonhogrande.com.br/post/flavio-augusto-da-silva-historia. Acesso em: 19 dez. 2024.

[65] GARGIONI, A. Flávio Augusto da Silva: uma trajetória de sucesso. **V4 Company**, 11 set. 2023. Disponível em: https://v4company.com/blog/biografia/flavio-augusto-da-silva. Acesso em: 19 dez. 2024.

[66] Em negociação histórica, Flávio Augusto recompra a Wise UP. **MeuSucesso. com**, 16 dez. 2015. Disponível em: https://meusucesso.com/artigos/empreendedorismo/em-negociacao-historica-flavio-augusto-recompra-a-wise-up-1015/. Acesso em: 19 dez. 2024.

CONSCIÊNCIA DURANTE OS MAIORES DESAFIOS

Em dezembro de 2024, um pouco antes de começar a escrita deste capítulo, estava em uma viagem com a minha família pelos Estados Unidos e vi uma palestra da Amy Cuddy, no Intercoaching em Orlando, Flórida. Cuddy é psicóloga social, palestrante e autora best-seller do livro O *poder da presença,*[67] além de ter sido TED speaker com a famosa *Your Body Language May Shape Who You Are* (em tradução livre, A sua linguagem corporal molda quem você é), palestra em que ela conta como a linguagem corporal muda a maneira como os outros nos veem e pode alterar também o modo como nos vemos. Já tive a oportunidade de me debruçar sobre o conteúdo dela, e o abordo durante a formação de palestrantes.

Em determinado momento, ela comentou algo que chamou a minha atenção, projetando no telão uma frase importante: *"Why is it so difficult to be our bravest authentic selves during our biggest challenges?"*, que pode ser traduzido como "Por que é tão difícil ser o nosso eu mais corajoso e autêntico durante os nossos maiores desafios?". Isso reverberou em mim por alguns dias. E é verdadeiro. Por que é tão difícil ser nosso eu mais autêntico nos momentos mais desafiadores? Somos seres únicos, cada um de nós com potências e singularidades, mas, quando nos deparamos com momentos de adversidade, muitas vezes não conseguimos acessar e expressar a nossa coragem e autenticidade.

Alguns dias depois, já de volta ao Brasil, ainda estava refletindo sobre essa questão. Foi naquele momento que percebi que a resposta estava diretamente conectada ao tema do capítulo: expansão de consciência. Expandir a consciência é mais do que adquirir novos conhecimentos ou mudar a maneira de enxergar o mundo, **é encarar a complexidade de quem somos, sem medo de acessar partes de nós que evitamos**. É também olhar com coragem para os desafios.

Portanto, para expandir a consciência e construir uma jornada profissional de crescimento com o desconforto, quero que reconheça o que limita você para poder ser mais autêntico até mesmo nos momentos em que o desconforto

---

[67] CUDDY, M. **O poder da presença**: como a linguagem corporal pode ajudar você a sua autoconfiança. Rio de Janeiro: Sextante, 2016.

parecerá maior do que suporta. Coragem e autenticidade são as chaves para enfrentar o desconforto e crescer. Para mim, Amy trouxe à tona uma verdade muitas vezes ignorada: **expansão de consciência exige discernimento e coragem. E, quando você sabe discernir, coloca-se à frente dos outros**.

UM EXEMPLO DE VISÃO ESTRATÉGICA

Em 2015, quando morei por alguns meses em Columbus, Ohio, nos Estados Unidos, aprendi a gostar de futebol americano e, mais do que isso, a entender a grandiosidade por trás da NFL. A liga esportiva de futebol americano mais popular dos Estados Unidos é formada por 32 equipes, que são separadas em duas subdivisões, Nacional e Americana. Participei de seminários de condicionamento físico e nutrição para jogadores de futebol americano e tive contato com o time universitário da região, o Ohio State, que foi campeão da liga na época. Quando percebi, já estava apaixonado pelo esporte.

Conforme aprendia e entendia melhor a NFL, encontrei algo muito maior. É uma organização que sabe combinar esporte, entretenimento e negócios, uma empresa que transborda visão estratégica e inovação sem focar apenas o futebol americano em campo, trazendo shows, performance e interatividade para o público. Se você já assistiu a um Super Bowl, que é a grande final da temporada anual, sabe do que estou falando.

Além do jogo que faz entrar em campo os dois melhores da temporada da NFL, é o evento anual com transmissão global e shows muito aguardados durante o intervalo, onde artistas mundialmente conhecidos já se apresentaram, como Bruno Mars, Michael Jackson, Coldplay, U2, Beyoncé etc. Ainda durante a transmissão, há propagandas de grande investimento, além de festas exclusivas para gerar ainda mais esse senso de unidade e exclusividade. É uma experiência ímpar, com toda a certeza. É o esporte que vai além do campo de futebol, é algo completo que demonstra, sim, expansão de consciência. Aqui no Brasil não temos nada parecido com isso.

A NFL é uma empresa que poderia só valorizar o esporte, mas valoriza o capital humano e a inovação. Ela investe em diversas ações sociais, como o NFL Care[68] – organização que coordena iniciativas de responsabilidade social e comunitária – e o Player Care Foundation, que oferece apoio a ex-jogadores e as suas famílias através de assistência financeira, pesquisas médicas e programas de saúde. Além disso, iniciativas como o Inspire Change reforçam o compromisso com diversidade e inclusão. Em relação aos prêmios, a NFL homenageia atletas que se destacam tanto em campo quanto pelo engajamento social e filantrópico, reconhecendo o papel transformador dos jogadores na comunidade. É algo que gera uma experiência tão única para quem está do outro lado, assistindo, que faz que as barreiras culturais ou geográficas sejam muito pequenas perto da grandiosidade do que é apresentado. E garanto: você não precisa gostar de futebol americano para acompanhar a NFL e o Super Bowl.

Então, o que poderia ser isso, se não expansão de consciência? Com a sua empresa, com a sua vida profissional, é preciso ter essa mesma visão estratégica. Se a NFL tivesse focado apenas o esporte e não investido em inovação, entretenimento e exclusividade, não teria chegado tão longe.

Talvez, em alguma parte da sua trajetória, você deva ter esse mesmo pensamento "fora da caixa", de modo que possa expandir o horizonte do que você faz e oferece para dar um próximo passo de expansão. Talvez a resposta seja expandir para novos mercados, como a NFL fez ao abraçar a ideia de um público global ao se aproximar da cultura pop. Ou, quem sabe, a solução esteja em inovar dentro da própria bolha, aproveitando ao máximo os recursos e conexões que já tem.

Para profissionais autônomos, essa lição é valiosa: talvez seja a hora de refletir sobre a sua bolha e considerar onde e como você pode crescer, inovar e alcançar resultados que antes pareciam distantes. Afinal, como disse Einstein: "Nenhum problema pode ser resolvido no mesmo nível de consciência em que foi criado".[69]

É preciso expandir, ousar e acreditar que, com visão e estratégia, novos patamares estão ao seu alcance.

---

[68] NFL Play Care Foundation. **Play Care Foundation**. Disponível: https://www.nflplayercare.com/. Acesso em: 14 fev. 2025.

[69] ALBERT Einstein. **Pensador**. Disponível em: https://www.pensador.com/frase/NTg1MzQ5/. Acesso em: 16 jan. 2025.

ALGUMAS LUTAS NOS LEVAM A LUGARES MAIORES

Comecei o capítulo falando sobre como nem sempre realizar nossos sonhos é o que nos fará crescer. O meu sonho, agora você já sabe, era ser motoboy. No entanto, percebi com o tempo que esse sonho era pequeno demais para o que eu queria construir. Comecei a perceber o valor que existe na verdadeira expansão de consciência, que não acontece sempre a partir da realização do que idealizamos no início, mas na transformação que passamos ao longo da jornada.

É um processo que envolve crescimento pessoal e a necessidade de valorizarmos as lutas que nos levam a lugares maiores. Os obstáculos aparecem e fazem com que tenhamos a oportunidade de olhar para dentro, questionar o que havíamos sonhado no início e decidir ou não mudar. No meu caso, quando esses desafios apareceram, decidi sonhar mais e chegar mais longe. Percebi que as barreiras não eram intransponíveis e o meu potencial me dava a possibilidade de fazer mais. **Para crescer, é preciso desafiar o que é familiar e confortável, porque é na Zona Desconforto que encontramos o nosso verdadeiro potencial**.

Assim, lembre-se de que é natural, à medida que expandimos a consciência, não conseguirmos mais nos encaixar em lugares que antes faziam sentido. Às vezes isso gera desconforto, até porque o que é familiar e seguro parece ser melhor, mas o processo de crescimento é importante para seguir em frente e construir o novo que você deseja. A história do apóstolo Paulo fala justamente sobre isso.

Antes de se encontrar com Jesus, Paulo era conhecido por perseguir cristãos e rejeitar o cristianismo de todas as formas. Em uma mudança completa, porém, ele passou de perseguidor a defensor e começou a se dedicar à propagação dos ensinamentos de Jesus: "Portanto, se alguém está em Cristo, é nova criação. As coisas antigas já passaram; eis que surgiram coisas novas!" (2 Coríntios 5:17). Para alguns, até pode ter sido uma mudança do destino, mas, para mim, foi uma expansão de consciência.

No entanto, esse processo de mudança de Paulo não aconteceu sem luta. Ele enfrentou perseguições, prisão e muitos outros contratempos enquanto tentava difundir a fé. Foram dificuldades que refinaram a missão que ele tinha e contribuíram para que ele e a Igreja crescessem ainda mais. Ao longo dos anos, escreveu diversas cartas para as igrejas da época, abordando questões específicas e oferecendo conselhos. Mesmo depois de séculos, o que ele colocou ali continua ressoando por gerações e gerações: "Não só isso, mas também nos gloriamos nas tribulações, porque sabemos que a tribulação produz perseverança; a perseverança, um caráter aprovado; e o caráter aprovado, esperança" (Romanos 5:3-4).

Isso mostra que as lutas são essenciais ao nosso desenvolvimento, e isso se reflete na jornada profissional e no processo de expansão de consciência. Cada desafio superado, cada dificuldade transposta e a cada nova luta que precisa ser vencida, você dará novos passos em direção aos objetivos que tem. Assim como Paulo disse: "Porque o momento presente de nossos sofrimentos não pode ser comparado com a glória que em nós será revelada" (Romanos 8:18). Então, lembre-se: **a expansão de consciência pode ser desafiadora, mas é uma preparação para algo muito maior.**

SHOWCASE: FLÁVIO AUGUSTO – UM PASSO, UM SOCO, UM ROUND DE CADA VEZ

A trajetória de Flávio Augusto da Silva é uma lição viva sobre a importância da evolução gradual e consciente. Como já contei, ele começou vendendo cursos de inglês e utilizando os recursos limitados que tinha. Começou pequeno, mas com uma mentalidade expansiva e ambição calculada percorreu um caminho de crescimento pessoal e profissional que o levou a alcançar resultados extraordinários.

Agora, pense nisto: para alguém que já precisou andar de ônibus na adolescência ou juventude, imaginar-se dono de um time de futebol parece algo inatingível. Muitos jovens sonham em ser jogadores, mas quantos se permitem sonhar em liderar e transformar um clube inteiro? Talvez Flávio Augusto também não tivesse esse sonho no início, porém, ao percorrer os ciclos de crescimento e aprimorar as próprias capacidades, novos horizontes começaram a se abrir.

Em 2013, Flávio deu mais um passo importante e comprou o Orlando City por 240 milhões de reais. Oito anos depois, vendeu o clube por 2 bilhões de reais, em um crescimento impressionante de 830%.[70] Essa conquista não foi fruto de um salto no escuro, mas de uma sequência de passos estratégicos e bem planejados. Assim como o famoso personagem Rocky Balboa ensinou: "Não é sobre o quão forte você bate, mas sobre o quanto você aguenta apanhar e continuar em frente".[71] Cada decisão de Flávio foi um *round* vencido, cada avanço foi um soco certeiro na direção do sucesso.

Essa evolução deixa claro que não tinha apenas a ver com dinheiro ou fama, mas expandir a consciência e permitir que novos objetivos fossem desenhados ao longo do caminho. Essa mentalidade transformadora nos ensina que, **muitas vezes, os grandes sonhos não nascem prontos, eles se desenvolvem conforme aprimoramos nosso potencial e abrimos espaço para novas possibilidades**.

ENTRE NA ZONA DESCONFORTO

Separe alguns minutos e responda às perguntas a seguir. Se sentir necessidade, anote as respostas em um caderno, tablet, bloco de notas ou outro espaço que preferir.

AUTOAVALIAÇÃO

- Como pode expandir a mente e as habilidades nos próximos meses?
- Quais novas experiências ou conhecimentos podem levar você ao próximo nível de consciência?
- Tem se permitido sair da rotina e explorar novas ideias?
- Quais são os seus maiores bloqueios mentais? Como pode superá-los?

---

[70] BILIONÁRIO Flavio Augusto se despede do Orlando City SC após anúncio de venda para a família Wilf. **Forbes**, 13 maio 2021. Disponível em: https://forbes.com.br/forbes-money/2021/05/bilionario-flavio-augusto-se-despede-do-orlando-city-sc-apos-anuncio-de-venda-para-a-familia-wilf/. Acesso em: 16 jan. 2025.

[71] ROCKY Balboa. EUA: Revolution Studios, 2006. Vídeo (1h37min). Disponível em: https://www.primevideo.com.

EXPANSÃO DE CONSCIÊNCIA COM NOVAS PERSPECTIVAS

Liste três experiências novas que você gostaria de ter (pessoais ou profissionais) que poderiam expandir a consciência e a sua visão de mundo. A seguir, encontrará alguns exemplos, mas fique à vontade para ajustar e colocar novos.

Experiência	Como pode me beneficiar?	Quando posso começar?
Participar de um curso fora da minha área de atuação	Ampliar o meu conhecimento e abrir novas possibilidades	Próximo semestre
Viajar para um novo país	Aprender novas culturas e desenvolver uma visão global e estratégica	Nas próximas férias
Trabalhar em um projeto voluntário na África	Contribuir para uma causa e aumentar a minha visão de mundo	No próximo mês

PRÁTICA

Escolha uma das experiências listadas acima e dê os primeiros passos para realizá-la nas próximas semanas. Por onde você vai começar? Quais são as tarefas a serem realizadas para executar o que você quer expandir? Expansão de consciência requer ação!

ENCARAR A COMPLEXIDADE DE QUEM SOMOS SIGNIFICA NÃO TER MEDO DE ACESSAR PARTES DE NÓS QUE EVITAMOS.

ZONA DESCONFORTO

@BRUNNOFALCAO

10

REFLEXÃO E CRESCIMENTO CONTÍNUO

prender continuamente é como escalar montanhas: cada novo topo alcançado revela um horizonte ainda maior. Há alguns anos, ouvi uma história que dizia mais ou menos o seguinte: um homem, depois de meses de preparação, muito treinamento de resistência com esforço físico e de enfrentar desafios inimagináveis, finalmente chegou ao topo do monte Everest, o ponto mais alto do planeta. Na volta, ao ser entrevistado, recebeu a seguinte pergunta: "O que você viu ao chegar lá?". E ele respondeu: "O próximo topo". Moral da história: não importa o quão alto você chegue, sempre haverá outro desafio, outro objetivo e outro topo – literal ou não – a alcançar.

Na sua jornada profissional, a busca por esses topos não pode ter fim. No capítulo anterior, discutimos a importância de expandir a consciência para enxergar além do óbvio, desafiando o *statu quo* e permitindo que novos horizontes se revelem. Mas a expansão de consciência por si só não é suficiente, ela é apenas o início de uma jornada. Para transformar o aprendizado em resultados duradouros, é necessário refletir sobre os caminhos percorridos e planejar os próximos passos com sabedoria.

O crescimento contínuo é uma habilidade essencial para quem deseja alcançar novos topos, sustentar conquistas e se reinventar ao longo do caminho. É uma jornada que não diz respeito a apenas um destino, mas também ao processo de aprendizado e crescimento contínuo no qual é necessário investir.

Quando pensamos em educação, muitas vezes imaginamos um processo formal de aprendizado, mas a origem da palavra traz um significado mais profundo. Derivada do latim *educare*, que significa "conduzir para fora" ou "levar adiante",[72] **a educação é, na essência, um chamado para crescer além dos limites do que já conhecemos.** Assim como o alpinista que enxerga o próximo topo ao chegar no cume, educar-se é expandir a consciência, romper barreiras e explorar novos horizontes. No contexto da vida profissional, isso significa acumular informações e transformar aprendizado em ação, criando resultados que nos impulsionem ainda mais longe.

APRENDER NA ERA DA INFORMAÇÃO

Para estabelecermos as bases do tema *reflexão e crescimento contínuo*, o primeiro ponto é entender como somos afetados pela Era da Informação e o que isso significa para quem quer crescer e se desenvolver profissionalmente.

Esse período, que começou aproximadamente na segunda metade do século XX, é caracterizado pela produção, disseminação e consumo massivo de dados e compartilhamento de informações que foram impulsionados primariamente pelo avanço tecnológico, o que fez com que a informação se transformasse em um dos ativos mais valiosos do mundo.[73] Essa abundância, que pode parecer ser uma grande vantagem, e até é em muitos momentos, pode apresentar desafios, especialmente para quem busca se desenvolver profissionalmente. Um exemplo claro desse fato é a quantidade de conhecimento produzida nos últimos anos.

Em 2023, segundo dados do catálogo internacional OpenAlex, estima-se que o Brasil publicou mais de 150 mil artigos, a maioria (75%) com acesso aberto à população.[74] Mesmo que você estabelecesse para si mesmo a meta de ler dez artigos por dia, precisaria de mais de quarenta anos para terminar

---

[72] ETIMOLOGIA de educação e educar. **Etimologia – Origem do conceito**. Disponível em: https://etimologia.com.br/educacao/. Acesso em: 16 jan. 2025.

[73] ERA da Informação. **Brasil Escola**. Disponível em: https://brasilescola.uol.com.br/geografia/era-informacao.htm. Acesso em: 26 dez. 2024.

[74] BRASIL publicou quase 157 mil artigos em 2023. **Gov.br**, 25 mar. 2024. Disponível em: https://www.gov.br/capes/pt-br/assuntos/noticias/brasil-publicou-quase-157-mil-artigos-em-2023. Acesso em: 26 dez. 2024.

o que foi publicado em apenas um ano. Isso sem levar em consideração que não basta apenas ler, é preciso absorver e aprender as informações.

Estamos falando de viver em um momento histórico no qual a quantidade de informações disponíveis é infinitamente maior do que o conteúdo passível de ser absorvido por um ser humano. Traduzindo: mesmo que você aprenda com facilidade ou goste muito de estudar, vivemos em um tempo em que é humanamente impossível acompanhar as novidades e, a cada letra que escrevo neste parágrafo, mais coisas estão surgindo.

Além do desafio da quantidade de conteúdo, percebo que existe também a questão do modelo de ensino predominante em nosso país, que prioriza metodologias de memorização e replicação de conteúdo em vez de fomentar o pensamento crítico ou incentivar a inovação e a busca por soluções diferentes. Vivemos em um momento no qual o sistema de ensino está desatualizado, e o resultado é que, apesar de bem-intencionada, a universidade tende a não passar o melhor conteúdo ou as ferramentas necessárias para preparar esse profissional para o mercado e para que ele cresça no desconforto dentro da própria área de atuação.

Assim, a solução é buscar novas fontes de aprendizado, ir além do básico para crescer. Se o mundo não para de evoluir, o aprendizado também não pode parar. Hoje, muitas empresas já não contratam mais por currículo ou diploma. Essa tendência é evidenciada em diversos estudos e relatórios internacionais. Por exemplo, o Future of Jobs Report 2020, do Fórum Econômico Mundial,[75] destaca a crescente demanda por habilidades específicas e adaptativas, especialmente em um cenário de rápidas transformações tecnológicas e mercadológicas. De maneira similar, o LinkedIn Talent Trends Report[76] aponta

---

[75] THE FUTURE of Jobs Report 2020. World Economic Forum, 2020. Disponível em: https://www.weforum.org/publications/the-future-of-jobs-report-2020/. Acesso em: 14 fev. 2025.

[76] GLOBAL Talent Trends: 4 Trends Changing the Way You Attract and Retain Talent. LinkedIn Talents Solutions, 2020. Disponível em: https://englishbulletin. adapt.it/wp-content/uploads/2020/01/linkedin-2020-global-talent-trends-report. pdf. Acesso em: 14 fev. 2025.

que **recrutadores têm dado cada vez mais valor ao desenvolvimento de competências, muitas vezes acima das qualificações formais**.

Se existe uma vaga para cuidar de tráfego on-line, por exemplo, pouco importa a graduação ou o que aquela pessoa tem como experiência, contanto que ela consiga entregar essa função e os resultados esperados. Isso é cuidar da performance e das entregas. Com isso, é possível ter um aprendizado muito mais direcionado ao que é necessário para crescer.

Desse modo, a primeira conclusão é: viver neste momento exige sair do óbvio no processo de aprendizado, exige pensar além da bolha, buscar novas maneiras de aprender, porém com a intenção e as estratégias certas para que isso não se transforme em um problema. Em outras palavras, é preciso ser um *lifelong learner*.

APRENDER A APRENDER PARA CRESCER

Apesar de não ser um tema completamente novo, a ideia do aprendizado contínuo, ou *lifelong learning*, está ganhando cada vez mais relevância. Esse conceito diz que o aprendizado não deve se limitar à sala de aula ou a um período específico da vida, como nos anos de ensino ou na faculdade. É preciso valorizar a busca constante por conhecimento, por habilidades e experiências que vão ajudar no processo de crescimento pessoal e profissional.

É uma maneira de se manter relevante e se adaptar, independentemente do que esteja acontecendo no mundo, indo além das chancelas tradicionais e vivendo um estilo de vida que aprendeu a aprender e está sempre aberto ao novo e às transformações. Conrado Schlochauer, empreendedor e entusiasta do aprendizado, avalia:

> *Estamos vivendo, ao mesmo tempo, duas revoluções que se interligam e pedem mudanças no processo de desenvolvimento de toda a sociedade. No mundo do trabalho, vivemos mais uma revolução industrial, a quarta. Foi ela que colocou a transformação digital na agenda de todas as empresas nos últimos anos. No mundo educacional, vivemos uma revolução do conhecimento. Se, antes, o papel principal da escola*

era transmitir conteúdo, agora ela tem a função de nos ajudar a conviver com o excesso de informação. Essas duas revoluções criaram o cenário perfeito para o aprendizado ao longo da vida sair do papel e se tornar uma demanda fundamental para todos.

[...]

aprendizado é a explicitação do conhecimento por meio de uma performance melhorada. [...] Aprendemos quando passamos por um processo que nos permite realizar algo de maneira melhor ou diferente do que fazíamos antes, seja por aquisição de uma nova habilidade ou pela mudança da nossa visão de mundo.[77]

Schlochauer completa o tema ao afirmar que "temos que escolher, intencionalmente, aprender. Estabelecer tempo na agenda semanal, definir quais habilidades são relevantes, buscar fontes adequadas e interessantes, lidar com ansiedade e frustração tão naturais ao processo".[78]

Se deseja crescer profissionalmente, portanto, adotar uma postura de *lifelong learner* é uma necessidade, não uma escolha. O mercado de trabalho valoriza o profissional que busca o aprimoramento constante e está à frente. É uma mentalidade que fará, inclusive, que você possa se destacar em qualquer área de atuação. E mais do que isso: aprender a aprender, estar em constante evolução e crescimento contínuo, é um processo que faz expandir a visão de mundo ao melhorar habilidades e incentivar o aperfeiçoamento.

Assim, **a meta primária é buscar ser um lifelong learner e utilizar isso para avançar no desconforto**. Dessa forma, é possível crescer muito mais do que se espera. Veja a figura a seguir.

---

[77] SCHLOCHAUER, C. **Lifelong learners – o poder do aprendizado contínuo**: aprenda a aprender e mantenha-se relevante em um mundo repleto de mudanças. São Paulo: Gente, 2024.

[78] Idem.

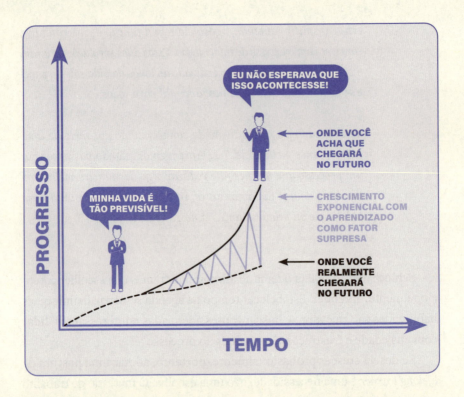

Se considerássemos uma jornada regular em que o aprendizado não é valorizado, estaríamos falando de uma curva de crescimento linear e ascendente. No entanto, com o aprendizado valorizado, é possível aumentar a curvatura de crescimento para que o nível de progresso seja muito maior. Assim, **o progresso é potencializado pelo aprendizado como fator surpresa**.

Uma vez que está em constante aprendizado e desenvolvimento, você entra em um processo de evolução helicoidal (assim como em uma hélice ou espiral), em que os ciclos não se repetem, mas fazem progredir. A cada nova volta, uma espiral não retorna para o ponto de partida, ela atinge um novo degrau e avança em direção a novos objetivos.

Em suma, existe uma grande beleza na dinâmica de ser um *lifelong learner* e buscar a evolução helicoidal: mesmo nos momentos de incerteza ou desconforto, basta que você avance, sempre em direção a um futuro diferente e rico em oportunidades.

COMO FAZER E O QUE NÃO FAZER

É impossível falar sobre a prática constante do aprendizado sem pensar exatamente por quais meios isso é possível e o que é preciso evitar para não cair em ciladas. Agora que já falamos sobre o problema principal do ensino tradicional e a prática do aprendizado contínuo, acredito que a chave para o crescimento envolve estar disposto a aprender de diversas fontes e em diferentes formatos. Mas como?

Para mim, uma das maneiras mais poderosas de crescer é por meio dos *livros*. Só por estar aqui, lendo o que preparei para cada capítulo, você já está em um processo de aprendizagem. Com os livros, é possível abrir a mente para outras possibilidades e contextos, assim como adquirir conhecimento técnico, teórico, de vivência e experiências. É possível aprender novas metodologias, aprender sobre a história de superação de outras pessoas e o que elas fizeram para sair de determinadas situações. Além disso, é possível buscar conteúdo sobre determinadas áreas para continuar crescendo e se desenvolvendo. Existem livros dos mais variados temas e nichos, e investir na leitura contribuirá para o seu crescimento.

Além disso, costumo trazer como indicação de novas fontes de conhecimento os cursos profissionalizantes. Eles oferecem teoria e prática e permitem que você aprenda de modo que consiga aplicar imediatamente ao seu trabalho. A minha mãe, por exemplo, foi massoterapeuta por muitos anos. Apesar de não ter concluído o segundo grau, foi assim que sustentou a nossa família por muito tempo. Essa experiência me ensinou a valorizar cursos focados em resultados e empregabilidade em vez de um ensino que, muitas vezes, carece de aplicação prática.

Hoje, áreas como inteligência artificial (IA) oferecem uma ampla gama de oportunidades nesse formato. Por exemplo, na arquitetura e na engenharia, a IA está transformando a maneira como projetos são desenvolvidos, otimizando o design, personalizando espaços e até reduzindo custos. Cursos que capacitam profissionais a utilizar ferramentas como o MidJourney para visualização de projetos ou softwares de modelagem avançada, como o Rhino 3D e o Grasshopper, ampliam habilidades técnicas e ainda ajudam o arquiteto a se destacar em um mercado altamente competitivo.

Um nutricionista pode seguir o mesmo caminho ao optar por uma certificação em nutrição esportiva ou um curso internacional de coaching nutricional. Essas formações, mais do que serem mais acessíveis e direcionadas, trazem um aprendizado que vai além do convencional, permitindo ao profissional explorar novos nichos e abrir portas que um ensino regular muitas vezes não ofereceria.

Vale também mencionar eventos, mentorias, conferências, seminários, workshops e tudo aquilo que pode oferecer conteúdo valioso e oportunidade de estar em contato com a sua área ou aquilo que fará você crescer. Dar foco a isso abre portas para novas ideias, além de dar a possibilidade de networking, parcerias e até mesmo novos negócios.

Esse aprendizado não precisa estar restrito ao ambiente formal. Com observação, questionamento e até mesmo aprendizado com as próprias falhas, é possível tirar disso tudo as melhores lições que levam ao crescimento. Se errou, aprenda com os erros. Se acertou, invista nos acertos. Considere, nesse processo, buscar mentores que possam orientar você na sua jornada, até porque, quando compartilhado, o aprendizado fica ainda mais poderoso e ajuda a encontrar pontos cegos que devem ser ajustados.

A minha orientação final é: mantenha-se sempre curioso, mas faça isso buscando conteúdo com *intenção* e *estratégia*. Agora que já se sabe a quantidade de informações disponíveis para o aprendizado, é impossível não mencionar isso para tentar ao máximo evitar a obesidade mental, termo que se refere ao consumo excessivo de informações que não apresentam nenhum ganho para o crescimento.[79] A ideia, assim, é estimular o aprendizado contínuo, porém aquele que é planejado e intencional. Cuide disso!

ACOMPANHAMENTO DE PROGRESSO

Refletindo sobre o quanto evoluiu, ficará mais fácil perceber o impacto positivo do seu esforço para manter-se motivado em continuar avançando. Isso é o que mantém o jogo rolando, os minutos passando e os degraus sendo escalados. E as ferramentas ARC e STOP podem ser ótimas aliadas nesse processo.

---

[79] PIERRI, V. Consumo excessivo de informações na internet pode impedir a captação de conteúdos de qualidade. **Jornal da USP**, Ribeirão Preto, 15 jul. 2021. Disponível em: https://jornal.usp.br/atualidades/consumo-excessivo-de-informacoes-na-internet-impede-a-captacao-de-conteudos-de-qualidade/. Acesso em: 14 fev. 2025.

MODELO ARC

Esse modelo tem como foco o ciclo contínuo de avalição, reflexão e correção, e você pode utilizá-lo ao aplicar os três passos a seguir.

AVALIAR (ASSESS)

Avalie a situação atual, os desafios que está enfrentando e os resultados obtidos até agora. Depois que fizer isso, identifique o que está funcionando e o que precisa de melhoria. A reflexão aqui deve buscar entender quais foram os maiores aprendizados recentes. Avalie: você está alinhado aos seus objetivos estratégicos?

REFLETIR (REFLECT)

Pensando nas causas dos resultados, reflita sobre eles. Faça isso tentando identificar hábitos, comportamentos e decisões que levaram ao sucesso ou ao fracasso. A reflexão aqui deve ser em busca do que possível aprender com os erros e acertos cometidos? Como esses insights podem moldar as suas próximas ações?

CORRIGIR (CORRECT)

No modelo ARC, a última etapa é implementar mudanças com base no aprendizado, o que pode envolver ajustar estratégias, redefinir metas e até buscar novas formas de agir. A reflexão aqui deve ser voltada a ajustar a abordagem para estar mais alinhado com os objetivos futuros.

MODELO STOP

Já no STOP, o objetivo é incentivar o acompanhamento de progresso por meio de uma técnica simples, que incentiva a pausa reflexiva (*stop*) antes de agir ou reagir. O modelo pode ser descrito em quatro etapas.

PARE

Antes de tomar uma decisão ou continuar uma ação, interrompa o que está fazendo. Use esse momento de pausa para ganhar perspectiva e clareza.

Assim, sempre que se sentir sobrecarregado, pare e reflita profundamente sobre o que está acontecendo. O que realmente importa nesse momento?

PENSE

Considerando o acontecimento, avalie as opções disponíveis. Pergunte-se: qual é o melhor caminho para seguir? Como isso está alinhado aos seus objetivos? Você está no caminho certo para alcançar o que deseja?

OBSERVE

Observe o contexto ao seu redor e analise os resultados de ações anteriores. Com essa atitude, tente identificar padrões ou áreas de melhoria. Algumas perguntas também podem ajudar: o ambiente em que você está inserido está contribuindo para o seu crescimento? O que pode ser ajustado?

PROSSIGA

Com todas as opções mapeadas, é hora de escolher a ação mais alinhada com os objetivos de longo prazo. Execute com propósito. Dê o próximo passo com intenção, sabendo que é parte de um plano maior.

Por último, mas ainda pensando no acompanhamento de progresso, não se esqueça de *celebrar as vitórias e reconhecer as conquistas*. Isso vai ajudar a fortalecer a confiança e trazer clareza sobre o que avançou ou não, permitindo até mesmo que você possa deliberar sobre mudar de caminho se necessário.

Com a reflexão e o crescimento contínuo, você verá transições que não esperava e terá ganhos profissionais inimagináveis. **Quem está em avanço constante está na Zona Desconforto**. Assim como o alpinista que alcança o topo do Everest, o aprendizado contínuo é a jornada de quem nunca se acomoda. Cada etapa exige mais do que informações, exige transformação. Afinal, aprender não é apenas adquirir informações, é transformar conhecimento em progresso.

Essa transformação não é exclusiva de indivíduos, e, sim, uma tendência irreversível para empresas modernas. Toda organização que deseja prosperar no futuro precisará, em algum nível, tornar-se uma empresa de educação. Podemos observar isso claramente em exemplos como o Facebook, que oferece capacitação gratuita para profissionais aprenderem a usar as ferramentas que oferece, e o iFood, que desenvolve programas educacionais para qualificar os profissionais que utilizam a plataforma. Essa é uma maneira de agregar valor e construir pontes duradouras entre produtos, serviços e as pessoas que os utilizam

SHOWCASE: INVISALIGN - TRANSFORMANDO A SAÚDE BUCAL EM EDUCAÇÃO

A Invisalign, desenvolvida pela Align Technology, é uma tecnologia de alinhadores dentais transparentes, bem como um modelo de como a inovação pode transformar uma indústria inteira. Ao substituir os tradicionais aparelhos metálicos por alinhadores quase invisíveis e personalizados, a Invisalign fez uma revolução na odontologia. Desde o lançamento, a empresa já transformou mais de 18 milhões de sorrisos em mais de 90 países, colaborando com cerca de 229 mil profissionais de odontologia.[80]

Esse impacto, no entanto, vai além do produto. A estratégia da empresa inclui um robusto programa de capacitação, mostrando como a educação pode ser uma ponte entre inovação e aplicação prática.

Lançado em 1997, o Invisalign utiliza tecnologia avançada de modelagem 3D e inteligência artificial para criar alinhadores sob medida, ajustados às necessidades específicas de cada paciente. Além de esteticamente agradáveis, os alinhadores são removíveis, permitindo maior conforto e facilitando a higienização. Essa inovação transformou a percepção do público sobre o alinhamento dental, tornando o processo mais acessível e menos invasivo.

Um dos maiores desafios da Invisalign foi garantir que os profissionais de odontologia pudessem adotar a tecnologia de modo eficaz. Para isso, a Align Technology investiu em programas de capacitação profissional, oferecendo cursos específicos para ensinar dentistas a utilizar a ferramenta com maestria.

---

[80] TECNOLOGIA Align. **Invisialign**. Disponível em: https://www.invisalign.com.br/sobre-a-align-technology. Acesso em: 10 jan. 2025.

Ao educar o mercado, a Align Technology se posicionou como uma referência em tecnologia odontológica e em aprendizado contínuo. Hoje, Invisalign é sinônimo de modernidade e expertise clínica odontológica.

Para profissionais autônomos e empreendedores, isso significa buscar constantemente o aprendizado contínuo e investir em ferramentas e tecnologias que possam elevar o padrão de atendimento. É uma história que inspira a refletir sobre como o conhecimento e a inovação, quando integrados, podem transformar mercados inteiros e criar um impacto duradouro.

O sucesso, portanto, está na interseção entre produto, inovação e educação. Não se trata apenas de oferecer uma solução inovadora, mas também de garantir que ela seja compreendida e bem utilizada. Para o profissional moderno, esta é a verdadeira essência do aprendizado contínuo: estar preparado para adotar, adaptar e avançar com as novas possibilidades que o mercado oferece.

ENTRE NA ZONA DESCONFORTO

Separe alguns minutos e responda às perguntas a seguir. Se sentir necessidade, anote as respostas em um caderno, tablet, bloco de notas ou outro espaço que preferir.

AUTOAVALIAÇÃO

- Você tem tirado tempo para refletir sobre as suas conquistas e desafios recentes?
- Como as suas experiências passadas podem ensinar a fazer melhor no futuro?
- Onde precisa crescer ainda mais?
- Você tem um plano para o seu crescimento contínuo ou está apenas reagindo às circunstâncias?

FERRAMENTA DE REFLEXÃO E CRESCIMENTO: ANÁLISE DO CICLO

Liste projetos e momentos da sua vida relacionados a aprendizados significativos.

Projeto/experiência	O que aprendeu?	Como pode aplicar isso no futuro?
Lançamento de um novo produto	Preciso planejar melhor o cronograma	Ajustar o tempo de cada etapa no próximo lançamento
Gerenciamento de uma equipe grande	Preciso delegar mais e confiar no time	Criar um sistema que me ajude a organizar tarefas e delegar

PRÁTICA

Escolha um aprendizado significativo do passado e escreva uma ação concreta que você pode aplicar nos próximos trinta dias para melhorar a sua performance ou atitude.

APRENDER NÃO É APENAS ADQUIRIR INFORMAÇÕES, MAS TRANSFORMAR CONHECIMENTO EM PROGRESSO.

ZONA DESCONFORTO
@BRUNNOFALCAO

11
É POSSÍVEL TER LIBERDADE

Nos capítulos anteriores, exploramos como a resiliência e a expansão de consciência são fundamentais para superar barreiras e enxergar novos horizontes. Vimos também como o aprendizado contínuo é o motor para transformar desafios em oportunidades. Agora, quero caminhar para um conceito mais profundo: a liberdade.

Liberdade, nesse contexto, é um estado de escolha, assim como o resultado de um alinhamento consciente entre valores, ações e resultados. É a integração prática do que vimos anteriormente: resiliência, expansão e aprendizado, que nos conduzirá a uma vida equilibrada e significativa. Ao aprender continuamente, abrimos portas para escolhas mais conscientes. Como disse Viktor Frankl: "Tudo pode ser tirado de um homem, exceto a última das liberdades humanas – escolher a sua atitude em qualquer circunstância".[81] **A liberdade começa na forma como reagimos ao mundo, moldando escolhas que refletem nossos valores**.

Portanto, não posso deixar de observar que me sinto um tanto quanto inclinado a conectar o tema do capítulo a alguns pontos sobre os quais tenho refletido recentemente. Especialmente por estar em um momento muito espiritual, há algumas questões que ressignifiquei nos últimos meses, "reciclando o que me foi dado", como JB Carvalho comenta no livro *Metanoia*.[82]

---

[81] VIKTOR Frankl. **Pensador**. Disponível em: https://www.pensador.com/frase/NjcwMzU4/. Acesso em: 16 jan. 2025.

[82] CARVALHO, JB. **Metanoia**: a chave esta em sua mente. Brasilia: Chara, 2018. p. 99.

Os últimos meses de 2024 foram um período de intensas reflexões, em que vivi na prática a liberdade entre a vida pessoal e profissional. Foi uma imersão profunda em autoconhecimento, aceitação e aplicação na vida profissional. Por isso quero contar sobre um evento de quatro dias no qual participei em setembro e alguns dos desdobramentos dele na minha vida. Não se preocupe, o propósito dessas histórias ficará muito claro.

Com mais de 50 mil participantes, presente em treze países e setenta cidades, participei do Legendários, que é um movimento cujo objetivo é transformar homens, famílias e comunidades a partir de experiências que levam os homens a encontrarem a melhor versão que existe em si mesmos.[83] Foram incontáveis as coisas que aprendi, mas dois pontos me marcaram muito, e eles estão relacionados à *resiliência* e à *justificativa*.

Por ser um evento que envolve alguns desafios ao longo do caminho e por carregar a síndrome de Ehlers-Danlos, que contei com mais detalhes no capítulo 4, sabia que eu teria que lidar com níveis de dor extrema. Levei os meus medicamentos, é claro, que foram prescritos pelo médico e documentados pela equipe do evento. Ainda assim, eu já estava preparado para ter que superar limites que não seriam fáceis. E realmente não foram.

Saí de casa com o pensamento de que superar limites seria difícil, mas cheguei lá e decidi mudar. Resolvi viver o evento passando por uma metanoia interna, que o meu mentor JB Carvalho define como

> *uma proposta para uma transição de um racionalismo frio para uma mente transcendente; de um pensar quadrado e enviesado para uma consciência expandida; de uma visão plástica e materialista do mundo para a capacidade de estender a mão a portas invisíveis e abri-las; de colocar os pés sobre o mar e andar sobre as águas – metanoia é um estilo de vida.*[84]

[83] LEGENDÁRIOS ORG. Saiba mais em: https://legendarios.org.br/. Acesso em: 27 dez. 2024.

[84] CARVALHO, JB. *op. cit.*

Queria mudar a minha mente e seguir para o evento preparado e pronto para o que viesse. Comandar à própria mente que ela mude o modo como enxerga o mundo, o modo como vai lidar com determinadas experiências ou até mesmo só vigiar os próprios pensamentos é algo que define a maneira como se vive, o que se sente e o que se faz.

> *De todas as descobertas recentes, a mais revolucionária é o conceito de que nossos pensamentos têm o poder de esculpir o nosso cérebro. [...] O cérebro é um músculo que pode ser exercitado ou atrofiado. Pensar em algo bom ou mau "reorganiza" as redes neurais e cria novas conexões. Mediante condicionamento, disciplina e novas posturas, novas estradas neurológicas se abrem no cérebro.*[85]

Eu queria abrir essas novas estradas neurológicas na minha vida, então decidi passar por uma "pequena" metanoia para viver o Legendários, e tomei uma decisão: comandei a minha mente para que, não importasse o que acontecesse, eu vivesse aquela experiência sem reclamar da minha dor. Não queria que as pessoas me ajudassem por saber que carrego SED, não queria que esse fosse um fator decisivo para que eu não abraçasse a Zona Desconforto, atingisse o meu limite e esticasse o máximo que poderia.

Assim, no primeiro dia do evento, decidi que não seria vítima. Sem trazer esse momento para um lugar de orgulho ou algo parecido com isso, entenda que essa decisão partiu de uma vontade que me dizia que eu merecia viver o melhor e dar o máximo de mim. Era uma ressignificação que eu gostaria de fazer. E deu certo. Essa mudança de mentalidade me trouxe o melhor evento que poderia experienciar e, mesmo que não possa dizer que não foi desafiador, ainda assim foi libertador.

Então aqui vai a primeira lição: a jornada pessoal – e profissional, em nosso contexto – pode, sim, ser difícil. Árdua, com dores, medos e desafios infinitos. Eu e você, no entanto, temos as ferramentas necessárias para mudar a mentalidade e encarar esses momentos com novas percepções. Para ter

---

[85] Idem.

resiliência e avançar. Para passar por uma metanoia. Temos a capacidade – e ouso dizer o *discernimento* – para **transformar todo e qualquer obstáculo em oportunidade de crescimento**. É uma força interna que temos, que fala sim ao que aproxima dos sonhos e não àquilo que não leva a lugar algum.

Avançando um pouco mais no desafio que foi viver o Legendários e ainda em relação à SED, vale explicar que costumo falar que "carrego" essa doença porque não acredito que ela seja minha. No momento em que Deus sentir que pode levá-la embora, estarei pronto. A verdade é que, apesar de pensar assim hoje, nem sempre foi assim.

Há algum tempo, conversando com uma colega da igreja e falando sobre a síndrome, ela me perguntou se eu gostaria de ser curado. Questionou isso com um tom profundo, com sinceridade verdadeira e olhando em meus olhos. O óbvio seria que eu respondesse que sim, gostaria de ser curado. Naquele momento, então, refleti e percebi que não, até ali não gostaria de ser curado. Descobri que carregava a SED por trinta e oito anos, e ela passou a ser a justificativa para quase tudo que deu errado na minha vida, ou seja, como eu a usava para aquilo que não dava certo, então não poderia perder essa "muleta" que estava usando. A resposta até ali era que "não, não gostaria de ser curado". Perceber isso doeu. Doeu no fundo da minha alma.

Durante o Legendários, passei por outra mudança. Em uma oração que fazíamos, senti como se algo estivesse sendo "puxado" da minha cabeça. Estava orando por mim, pela minha família, pela síndrome que carrego e, quando isso aconteceu, lembro-me de que parei, abri os olhos e tive certeza: Deus havia tirado da minha mente a necessidade de usar a SED como justificativa para o que dava errado. A partir daquele momento, eu senti a cura. Primeiro na mente, eu estava dando um basta às justificativas. Eu sabia e sentia verdadeiramente que queria ser curado.

Então deixo aqui a segunda lição: todos nós carregamos, durante toda a nossa vida, *justificativas* que nos dão motivos para acreditar que algo que não deu certo por um motivo específico. Todos nós criamos essas historinhas internas que nos protegem de encarar o que deu errado, os nossos fracassos, seja na vida pessoal ou profissional. Agora, porém, as ferramentas estão todas na mesa e prontas para serem acessadas: "Lide com os seus fracassos como degraus para onde você deve chegar e faça que as suas histórias de luta lhe proporcionem poder para escrever um novo final ousado".[86]

Você pode abraçar o desconforto que precede o progresso e parar de justificar o que não está acontecendo do jeito que gostaria. Esse é o seu momento. É o seu momento de ser resiliente, acreditar que dá conta do recado e que os próximos passos da sua jornada profissional serão dados sem justificativas.

Como consequência, tudo isso gerará na sua vida *liberdade*. Liberdade pessoal e profissional. Liberdade para escolher como passará o tempo livre, para ter mais equilíbrio em tudo o que faz. Para ser dono do seu tempo, compartilhar momentos valiosos com a sua família e fazer isso enquanto constrói uma carreira que reflete os seus sonhos e ambições. Não é hora de hesitar, e sim de avançar com confiança, sabendo que as fraquezas são pontos de partida que levam às estratégias mais sólidas; as forças, por outro lado, são alavancas para o sucesso.

ENFIM, A LIBERDADE

Hoje, moro em Brasília, mas por muito tempo me perguntei se deveria ou não me mudar para São Paulo. Apesar de amar a cidade em que moro, tenho clareza de que teria muitas outras oportunidades se me mudasse. O fato curioso, entretanto, é que a liberdade que tenho em Brasília é algo que continua me fazendo permanecer aqui. Tenho a minha empresa, faço palestras pelas mais variadas cidades, viajo bastante, trabalho muito, mas ainda assim tenho uma qualidade de vida enorme permanecendo aqui.

De tempos em tempos, contudo, questiono se isso tudo ainda faz sentido. *Será que me mudar não seria melhor?*; eu geralmente me pergunto. Recentemente, fiz um exercício aplicado pelo meu mentor Paulo Vieira, atividade de reflexão que ele chamou de agenda perfeita e consiste em colocar no formato de horas o que seria a agenda perfeita para o seu dia. Se você acorda às 6h, por exemplo, com a agenda perfeita você precisa colocar o que

[86] Idem.

fará em cada momento do seu dia: às 6h, levantar-se; às 6h15, tomar o café da manhã; das 7h às 8h30, praticar atividade física; e por aí vai.

Passando por todas as horas do dia, a agenda perfeita serve para que você veja como seria o dia ideal em que você consegue fazer tudo o que gostaria. Dentro da minha agenda perfeita e com o meu cronograma em mãos, tive uma certeza: hoje não faria sentido para a minha família fazer a mudança para São Paulo porque perderíamos algo que é muito importante para nós: a *liberdade*.

Muitas vezes, somos atraídos a fazer mudanças que vão nos tirar a liberdade, porém a jornada mais poderosa e impactante é aquela que busca o equilíbrio. Esse é o segredo.

Agora que você já tem todas as ferramentas para fazer crescer a carreira e construir uma jornada profissional diferente e mais alinhada aos seus sonhos, quero que faça isso pensando na liberdade. Talvez existam momentos em que você a perca de vista por um período. Isso é normal. Existem tempos de maior trabalho, assim como quando preciso viajar e passar dias fora de casa. Porém, faço isso com a certeza de que o meu caminho é de liberdade e está completamente alinhado ao meu propósito.

Isso faz sentido para você?

Perder a liberdade temporariamente não significa que ela deixou de existir, é apenas uma pausa. O importante é ter certeza de que o caminho está correto e lembrar-se de que são momentos necessários na construção de algo maior. Você se lembra da analogia do capítulo 3, com o barco navegando em uma direção definida? Se você acerta a rota, a maré até pode ficar turbulenta, mas o caminho está definido e logo você chegará a águas calmas.

À medida que entender isso, perceberá que a liberdade não diz respeito à ausência de trabalho, esforço, discernimento e desconforto, mas, sim, à certeza de que você está caminhando para o lugar certo, com equilíbrio e vivendo a melhor vida que gostaria de viver. A liberdade começa na mente. Ela é o reflexo direto da maneira como enxergamos o mundo, definimos as nossas prioridades e nos posicionamos diante das oportunidades e desafios.

Aqui, vale lembrar que a mentalidade de escassez, muitas vezes, nos faz acreditar que a liberdade é um privilégio distante, enquanto a mentalidade de abundância nos mostra que ela é uma construção diária, feita de escolhas conscientes e construção planejada. Expandir a mentalidade é o primeiro passo para perceber que a liberdade não é a ausência de esforço, e sim a habilidade de direcionar esse esforço para aquilo que realmente importa.

SHOWCASE: O MÉTODO CIS E O PAPEL DO COACHING

Paulo Vieira, criador do Método CIS (Coaching Integral Sistêmico), enxergou uma lacuna no desenvolvimento pessoal e profissional: a falta de inteligência emocional e equilíbrio nas diversas áreas da vida. Ao observar que muitas pessoas enfrentavam dificuldades para alinhar ambições profissionais com a satisfação pessoal, ele desenvolveu uma abordagem integrada que oferece ferramentas práticas enquanto promove uma transformação profunda e duradoura. O Método CIS tornou-se um dos maiores programas de coaching do mundo, impactando milhares de pessoas em busca de mais realização e equilíbrio.

Essa busca pelo equilíbrio está diretamente ligada ao conceito de liberdade. A liberdade de viver uma vida em que escolhas pessoais e profissionais não sejam mutuamente excludentes, mas complementares. Paulo entendeu que capacitar coaches não era apenas uma questão de ensinar técnicas, que era necessário formar líderes capazes de guiar pessoas em momentos de incerteza, ajudando-as a construir uma vida mais equilibrada. Ele sabia que, para alcançar a verdadeira liberdade, era preciso primeiro desbloquear as barreiras emocionais e mentais que impedem muitas pessoas de alcançar o potencial máximo.

A relevância do coaching também é destacada globalmente. Bill Gates, no TED Talk intitulado Teachers Need Real Feedback, enfatizou a importância do coaching como um recurso essencial para qualquer líder que busca mais performance, na vida pessoal ou no trabalho.[87] Gates apontou que, sem feedback e acompanhamento, é difícil alcançar um progresso significativo em qualquer área.

---

[87] Teachers Need Real Feedback. **TED Talks Education**, maio 2013. Disponível em: https://www.ted.com/talks/bill_gates_teachers_need_real_feedback?utm_campaign=tedspread&utm_medium=referral&utm_source=tedcomshare. Acesso em: 10 jan. 2025.

A *Harvard Business Review* (*HBR*) publicou uma análise que reforça o impacto positivo do coaching.[88] Programas bem-estruturados ajudam líderes a tomar melhores decisões, aumentar a confiança e desenvolver habilidades interpessoais cruciais. Esses benefícios reverberam diretamente no desempenho organizacional, provando que o coaching é uma ferramenta de melhoria, além de uma estratégia essencial para o sucesso.

No contexto do Método CIS, o coaching transcende a simples orientação e se transforma em um processo de autodescoberta, equilíbrio e liberdade. Essa visão também se alinha com as reflexões compartilhadas em programas de mentoria: o papel de um coach é ser aquele que oferece o feedback necessário, impulsiona a evolução e encoraja a busca contínua pelo equilíbrio e pela excelência.

A liberdade, no fim, não é um conceito abstrato, é o resultado de escolhas alinhadas, habilidades bem desenvolvidas e o desbloqueio de potencialidades. Seja por meio da inteligência emocional ou do desenvolvimento de habilidades práticas, o coaching é, sem dúvida, um catalisador para mudanças significativas e duradouras que promovem uma vida verdadeiramente livre.

ENTRE NA ZONA DESCONFORTO

Separe alguns minutos e responda às perguntas a seguir. Se sentir necessidade, anote as respostas em um caderno, tablet, bloco de notas ou outro espaço que preferir.

AUTOAVALIAÇÃO

- Considerando o que discutimos sobre as palavras "resiliência" e "justificativas", como você tem se comportado até aqui? O que pode fazer para melhorar?
- Você está vivendo com liberdade no seu trabalho e na sua vida pessoal? Se não, o que está prendendo ou limitando você?

---

[88] COUTU, D.; KAUFFMAN, C. What Can Coaches Do for You? **HBR**, jan. 2009. Disponível em: https://hbr.org/2009/01/what-can-coaches-do-for-you. Acesso em: 10 jan. 2025.

◥ Quais são as escolhas que pode fazer para ter mais liberdade na rotina?

◥ Como pode equilibrar a liberdade com a responsabilidade de alcançar os objetivos que tem?

EXERCÍCIO DE AVALIAÇÃO DA LIBERDADE PESSOAL E PROFISSIONAL

Leia as afirmações e marque verdadeiro (V) ou falso (F) para cada uma delas.

( ) Eu me sinto livre para tomar decisões no meu trabalho.

( ) Consigo equilibrar as responsabilidades profissionais com a vida pessoal.

( ) Tenho controle sobre a maior parte da minha agenda diária.

( ) Posso dizer "não" quando algo não está alinhado com meus valores.

PRÁTICA

Se você respondeu "falso" a qualquer uma dessas perguntas, quero que escolha uma delas e crie um plano para aumentar a própria liberdade. Pode ser aprender a dizer não mais frequentemente ou fazer um ajuste na sua agenda para ter mais controle do seu tempo.

12
CAMINHO LIVRE PARA o SUCESSO

A palavra "intuição" vem do latim *intuitio*, que significa "olhar para dentro" ou "contemplação". Originalmente, o termo *intueri* era usado para descrever o ato de "observar atentamente algo".[89] Neste caso, somos convidados a olhar atentamente para dentro de nós mesmos.

Durante a Idade Média, no pensamento filosófico e teológico, *intuitio* passou a ser associada à percepção imediata de verdades ou ideias,[90] sem a necessidade de um raciocínio lógico estruturado. Era vista como uma forma de insight divino, algo que transcendia o racional e conectava o ser humano a um conhecimento mais elevado, quase como se fosse uma "linguagem da alma".

Essa percepção ecoa no modo como muitos enxergam a intuição até hoje: como um dom divino, uma forma de conhecimento que ultrapassa palavras e raciocínios. Intuir é acessar algo mais profundo, algo que pulsa dentro de cada um de nós. É como *prana*, a energia vital que a escritura indiana define que flui em nós, o sopro divino que preenche a nossa consciência.

Na minha opinião, a intuição é a voz de Deus que fala alto em nosso interior, orientando, consolando e conectando-nos ao que é verdadeiro. Como diz a Bíblia: "Vocês não sabem que são santuário de Deus e que o Espírito de Deus habita em vocês?" (1 Coríntios 3:16). É essa presença

---

[89] GUIMARÃES, M. B. L. Intuição, pensamento e ação na clínica. **Interface – Comunicação, Saúde, Educação**, v. 9, n. 17, p. 317-32, mar/ago 2005. Disponível em: https://doi.org/10.1590/S1414-32832005000200008. Acesso em: 16 jan. 2025.

[90] INTUIÇÃO. **Wikipedia**. Disponível em: https://pt.wikipedia.org/wiki/Intui%C3%A7%C3%A3o. Acesso em: 16 jan. 2025.

divina dentro de nós que nos dá o dom da intuição, para que nunca nos sintamos sozinhos ou perdidos.

Assim, intuir é muito mais do que um ato espontâneo, é um exercício de silêncio interior, de abertura para ouvir o que não é dito com palavras. É um processo de conexão com a essência divina que habita em nós. **Quando nos aquietamos, quando silenciamos as vozes externas e encontramos o espaço para ouvir a própria alma, é aí que a intuição se manifesta.** Sentimos Deus nos orientando em meio ao caos, como uma bússola que aponta para o nosso propósito.

É um presente divino que nos foi dado para navegarmos pelos momentos de incerteza, como se Deus, ao plantar essa força dentro de nós, dissesse: "Você nunca estará sozinho. Confie em mim e em você mesmo". Essa força é tanto uma ferramenta de autoconhecimento quanto um guia para que possamos trilhar os caminhos mais alinhados ao nosso propósito e à nossa verdade.

Então, para seguirmos adiante, quero convidá-lo a esvaziar a sua mente. Faremos, a seguir, uma meditação de que gosto muito e que tem me acompanhado há anos. Considero-me uma pessoa cheia de criatividade, mas, ao mesmo tempo, com uma mente frequentemente ocupada por muitas ideias. Foi por isso que me tornei adepto da meditação, uma prática que me ajuda a encontrar clareza em meio ao turbilhão de pensamentos.

Para que a mensagem deste capítulo se fixe bem em você, sugiro que tire um momento para se conectar consigo mesmo. Faça três respirações profundas antes de continuar. Leia com calma as palavras a seguir, permita que elas ressoem no seu interior e sinta o que a mensagem tem a dizer.

Este é um momento de pausa, reflexão e alinhamento com aquilo que está por vir.

EXERCÍCIO: MEDITAÇÃO[91]

Busque silenciar a sua mente, permitindo-se entrar em contato com a sua intuição. A mente, frequentemente, é um repositório de ideias já conhecidas, enquanto é a intuição que traz o novo. Então, esvazie a mente para que a intuição possa fluir.

Concentre-se no próprio vazio. Sinta um espaço vazio se formando dentro de você, como o interior de um jarro, como a terra antes de ser fertilizada, como algo pronto para receber. Permita-se sentir esse enorme vazio e, nesse processo, relaxe. Deixe ir as tensões e as cobranças que você tem consigo mesmo.

Agora, encare tudo aquilo que bloqueia a sua intuição: os pré-julgamentos, a severidade com que se trata, o excesso de críticas que carrega. Visualize esses bloqueios e permita-se dissolvê-los.

Sinta o amor começando na sua cabeça. Sinta o amor fluindo para os seus braços, para as suas pernas. Vá criando uma sensação de amorosidade por si mesmo. Respire fundo e sinta o seu próprio amor. Aceite quem você é. Encare o excesso de críticas e observe enquanto ele se dissolve perante o amor que você nutre por si mesmo. Respeite as suas opiniões, valorize a sua intuição. Cultive amor por quem você é, por sua capacidade e pela jornada que está trilhando. Inspire fundo e sinta essa confiança e essa amorosidade tomando conta de você.

Dissolva cada obstáculo que impede sua intuição de se manifestar. Encontre o medo, o medo de falhar, e encare-o. Sinta esse medo dentro de você e dissolva-o na certeza de quem você é, na certeza de que já conquistou muitas vitórias. Lembre-se de que sua intuição está presente, e ela é sua aliada. Dissolva o medo. Dissolva a ansiedade.

---

[91] Texto adaptado da meditação Neutralidade da intuição, do monge Satyanãtha, disponível no aplicativo ATMA. (N. A.)

Depois desse momento relaxante e transformador, chegou a hora de olhar para dentro de si e reconhecer o poder que carrega. É tempo de ser a melhor versão de quem você foi criado para ser, de se posicionar com coragem e abraçar a felicidade. É o momento de deixar para trás as desculpas, as culpas e a sensação de impotência, porque tudo o que você precisa para mudar a sua realidade já está dentro de você. Você não é uma vítima das circunstâncias, você é um ser poderoso, com a capacidade de transformar a sua vida, passo a passo, em direção aos seus sonhos.

Retome o controle da sua jornada. Encontre equilíbrio entre trabalho, lazer, família e tudo o que dá sentido à sua vida. Busque a sabedoria para enfrentar os desafios e o discernimento para avançar com resiliência. Supere os bloqueios que o impedem de crescer e lembre-se: você é um pacote perfeito de potencial e glória, capacitado para realizar o extraordinário.

Como diz Filipenses 4:13: "Tudo posso naquele que me fortalece". É hora de agir, de transformar cada obstáculo em um trampolim e cada oportunidade em uma conquista. Acredite em si mesmo. Este é o início do seu próximo topo.

Ao longo deste livro, exploramos conceitos e transformações profundas que começam de dentro para fora. **Crescer é, muitas vezes, atravessar o desconforto – aquele terreno instável que parece nos afastar da segurança, mas que, na verdade, aproxima-nos do verdadeiro progresso.** No entanto, crescer é suportar o desconforto, é moldá-lo em trampolins para novos patamares.

Quando aceitamos olhar para nossas forças e fraquezas, criamos espaço para um entendimento mais amplo do que somos capazes de realizar. O desconforto se torna o alerta para a mudança; as conexões, a rede de apoio que nos sustenta; e a reflexão contínua, a prática que mantém nosso foco ajustado ao longo do caminho. É como atravessar uma ponte em direção ao desconhecido, em que cada passo revela novas possibilidades e potencialidades. A travessia não significa apenas alcançar o destino, mas quem nos tornamos ao longo do caminho.

O que você fará com os aprendizados que o trouxeram até aqui? Este é o convite deste último capítulo: transformar teoria em prática, desconforto em impulso e aprendizado em uma vida de propósito contínuo. Para isso, é preciso coragem. Não qualquer coragem, mas aquela que vem do autoconhecimento e da ressignificação de cada provação que enfrentamos. Coragem de dar passos para dentro, de olhar para o espelho e encarar a verdade de quem somos.

Durante muitos anos, fui chamado de ousado. Hoje, entendo que a ousadia era uma resposta à insegurança, uma necessidade de me provar para mim mesmo e para os outros. A coragem é diferente. Ela nasce do coração, como indica a etimologia: "Agir com o coração".[92] Agir com o coração requer força, discernimento e um compromisso real com o próprio propósito.

Lembro-me das palavras que ouvi de um amigo: "Você será promovido nos lugares onde foi provado". Essa frase ficou marcada em mim e se conecta ao que a Bíblia diz em Tiago 1:12: "Feliz é o homem que persevera na provação, porque depois de aprovado receberá a coroa da vida que Deus prometeu aos que o amam". É essa coragem que nos permite romper ciclos, quebrar loopings de frustrações e alcançar novos patamares de realização.

Coragem é também renúncia. Renunciar a prazeres imediatos, ambientes que não promovem o nosso crescimento e palavras que nos invalidam. Jack Welch (1935-2020), ex-CEO da General Electric, disse certa vez que gestão verdadeira é equilibrar o curto e o longo prazo.[93] O mesmo vale para nossa vida: precisamos aprender a gerenciar os dias, equilibrando os resultados que buscamos no presente com os frutos que queremos colher no futuro. Não é uma tarefa fácil, mas é essencial. E a coragem é o que nos permite manter esse equilíbrio.

Para mim, esse processo de reconstrução começou há seis anos, quando tive a coragem de dar dez passos para dentro. Isso mesmo, não foram passos para trás, mas para dentro de mim, uma jornada de autoconhecimento que exigiu todo tipo de investimento, reflexão e disposição para aceitar quem sou e quem posso me tornar. Descobri que as maiores transformações não

---

[92] CORAGEM. **Wikcionário**. Disponível em: https://pt.wiktionary.org/wiki/coragem. Acesso em: 16 jan. 2025.

[93] AS OITO regras de liderança de Jack Welch. **LCM Treinamento**. Disponível em: https://lcmtreinamento.com.br/as-oito-regras-de-lideranca-de-jack-welch/. Acesso em: 16 jan. 2025.

acontecem quando nos movemos para fora, mas quando enfrentamos as batalhas internas que nos limitam.

Afinal, **como podemos alcançar novos topos se não tivermos a coragem de abandonar os medos que nos prendem?** A verdadeira coragem não está em evitar o medo, está em enfrentá-lo com fé no propósito que carrega. É nessa força que encontramos a base para seguir em frente

Reflita sobre isso. Qual é a área da sua vida em que você precisa de mais coragem? Onde está sendo provado? Talvez seja hora de parar, olhar para dentro e perceber que tudo de que precisa já está nas suas mãos.

Você é o autor da sua história, e cada capítulo que escreve é uma oportunidade de deixar um legado. Como diz a zona de convergência: "É isso que você é e é isso que você nasceu para fazer". Seja corajoso, tome agora a decisão que você nunca tinha imaginado tomar, entre no desconforto, pois ele antecede o progresso. E eu estou torcendo por você!

O SUCESSO NÃO É UM DESTINO FINAL, MAS A SOMA DE TODAS AS PEQUENAS VITÓRIAS CONQUISTADAS NO DESCONFORTO.

ZONA DESCONFORTO
@BRUNNOFALCAO

Este livro foi impresso pela gráfica Santa Marta
em papel pólen bold 70 g/m² em abril de 2025.